Juan Arnau

ANTROPOLOGÍA DEL BUDISMO

editorial Kairós

Numancia, 117-121
08029 Barcelona
www.editorialkairos.com

Primera edición: Mayo 2007

I.S.B.N.: 978-84-7245-645-7
Depósito legal: B-24.888/2007

Fotocomposición: Beluga y Mleka, s.c.p. Córcega 267. 08008 Barcelona
Impresión y encuadernación: Romanyà-Valls. Verdaguer, 1. 08786 Capellades.

A Luis O. Gómez, maestro y amigo.

las cenizas al viento dibujarán un mapa.
JESÚS AGUADO

ardemos
en palabras incomprensibles.
ANTONIO GAMONEDA

SUMARIO

AGRADECIMIENTOS

Las circunstancias de la investigación que concluye con este libro merecen una breve explicación. *Antropología del budismo* nació de la preparación de un curso no presencial que impartí desde la Universidad de Michigan en la Universidad de Barcelona para el Master de Estudios de Asia y Pacífico en 2005. Para la confección de dicho temario utilicé materiales muy diversos, todos ellos ya publicados: artículos, monografías, libros, entradas de enciclopedias y escritos míos y de otros autores. Además de toda esta documentación, el profesor Luis O. Gómez se ofreció generosamente a cederme algunos textos suyos sin terminar a los que yo acabé dando la forma definitiva, incluidas algunas traducciones de fragmentos de la literatura budista de China, Tibet y Japón. El profesor Gómez ha insistido en que dichos materiales se incorporen a este libro. Su contribución ha sido especialmente significativa en los capítulos quinto (Lenguaje), séptimo (Meditación) y octavo (Nirvana), aunque el sello de sus enseñanzas impregna todo el volumen. *Antropología del budismo* no sería lo que es sin su generosa y sabia contribución. No obstante, cualquier error que pueda contener este libro es únicamente responsabilidad mía.

Quiero agradecer a Ana García Naharro y Joaquín Arnau Amo su excelente labor en la corrección del manuscrito original y sus valiosas sugerencias respecto a la organización de los contenidos.

Valencia, septiembre de 2006

INTRODUCCIÓN

Antropología del budismo analiza, en nueve entradas, algunos conceptos clave del pensamiento budista. Dichos conceptos sólo pueden entenderse como elementos de una forma de vida y de una concepción particular de lo humano. Todos ellos articulan una *antropología*, de modo que serán al mismo tiempo causa y efecto de los modos de organización social del budismo y de las formas específicas en las que cada tradición imagina el mundo y se desenvuelve en él.

Aunque el punto de partida será la terminología filosófica, se prestará una atención especial a los contextos devocionales, rituales y éticos donde dichos conceptos tienen lugar y al modo en el que organizan la forma de vida de los budistas. Esta *antropología* no se limitará por tanto al informe lingüístico y filosófico, sino que abordará la descripción de los diferentes *juegos de lenguaje* y su modo de configurar los universos de significado en las diversas tradiciones budistas.

La idea, toda idea, tiene su razón de ser, su aliento, en el texto que habita, entendiendo por «texto» las múltiples formas de hablar, escribir y pensar en que respira la idea. Ese tejido muestra límites imprecisos. Si el texto teje la idea, la intertextualidad de toda una tradición trama la urdimbre de cada texto en un diálogo que todavía no ha cesado. Este libro es un acercamiento a la inacabada conversación que viene ocurriendo en el budismo desde hace más de dos milenios: un intento de escucharla y tratar así de entender, aunque sea por un instante, su compromiso con la historia de lo humano.

La imagen que podemos hacernos de la "realidad budista" a partir de sus fuentes canónicas o de los testimonios de sus seguidores en el *trabajo de campo*, no es siempre una imagen coherente. Cuando abordamos ese artefacto cultural llamado budismo, uno de los primeros obstáculos que encontramos es la coexistencia de diferentes tradiciones de pensamiento y confesiones personales que, aunque se dicen budistas a sí mismas, ofrecen puntos de vista distintos y a veces radicalmente diferentes. Sortear este obstáculo estudiando sólo una de dichas tradiciones sería reduccionista, pero, si lo hiciéramos, volveríamos a comprobar que entre los textos canónicos y autorizados de esa tradición elegida hay también puntos de vista contradictorios que parecen convivir plácidamente en dichos textos y en las declaraciones personales y públicas.

La coexistencia de fuentes autorizadas contradictorias puede parecer algo inusual desde la perspectiva de las religiones doctrinales, especialmente en occidente y medio oriente. Sin embargo, este pluralismo hermenéutico a menudo se esconde tras una fachada de ortodoxia. Las religiones de la India parecen tolerarar mejor la pluralidad de visiones doctrinales que las de occidente. En el mundo religioso indio, la diversidad intelectual de los dogmas y cosmovisiones no siempre es un obstáculo para la práctica religiosa. Las creencias no han tenido un papel tan preponderante en la definición jurídica y psicológica de las identidades religiosas como lo tuvieron en las tradiciones cristianas e islámicas. Un brahmán debe cumplir con ciertas obligaciones rituales, compromisos adquiridos por su casta y linaje, pero ello no le compromete con una teología particular. Para la India la creencia rara vez ha sido algo que se pueda o haya que gobernar. El peregrino chino Xuanzang, que visitó la India en el siglo sexto, describe monasterios donde convivían monjes de linajes intelectuales muy diversos e incluso opuestos, sin que ello supusiera sorpresa alguna.

Esta diversidad es un desafío para el investigador. Como en toda tradición de pensamiento viva, los "conceptos fundamentales" del budismo fueron reformulados continuamente por los propios budistas. Dichos conceptos habitaron textos de muy diversa índole, sufrieron los envites de polémicas doctrinales y el fuego de enfrentamientos dialécticos, pero también acogieron el calor del culto y la devoción más íntima. La India, cuya tradición veía con sospecha todo lo nuevo, optó casi siempre por disimular los cambios reformulando viejos conceptos en lugar de inventar otros nuevos. Esto hace necesaria, quizá más que nunca, una genealogía que aclare dichas transformaciones.

El temperamento indio no fue dado al proselitismo, pero, con el budismo, el pensamiento de la India desbordaría las fronteras del subcontinente para llenar de fascinación, temor y esperanza la imaginación de otros pueblos de Asia. Los budistas hablaron lenguas muy diversas, pero la escolástica filosófica utilizó principalmente un lenguaje derivado de un glosario técnico sánscrito: de ahí que la mayoría de los conceptos que estudia este libro pertenezcan a esa lengua. Con la expansión del budismo en Asia, estos conceptos serían traducidos, y el pensamiento budista se expresaría entonces en chino, coreano, tibetano, japonés, etc. La filosofía budista tendría a partir de entonces una enorme presencia cultural en casi todo el continente, y la tradición de pensamiento sánscrita, socialmente endogámica, encontraría en el budismo un vehículo para la expansión y difusión de sus enormes capacidades especulativas y filosóficas.

* * *

Tres son los propósitos de este volumen. En primer lugar introducir el pensamiento budista como doctrina mediante algunos conceptos clave de las distintas tradiciones, de modo que el libro es, a su manera, un glosario de terminología budista. Pero al incorporar estos términos a sus contextos y relaciones, se presentará el budismo como un tejido de palabras e ideas, un universo intertextual que es a su vez un mapa de la existencia humana. Paradójicamente, este mapa es al mismo tiempo un manual de instrucciones para la vida, cautiva en el reino de la existencia, y una guía para escapar de dicho cautiverio. Este universo de ideas, construido intertextualmente, pretende ser al mismo tiempo un universo donde sea posible vivir libre de la conceptualización que crean las palabras y las cosas.

Esta paradoja fue el eje alrededor del cual giró la concepción budista de la condición humana. La antropología que traza este libro se desarrolla entre estos dos polos: el de la prisión de la existencia y el de la libertad de un estado libre del condicionamiento del deseo, del apego a lo que no es sino contingencia, y del dolor que surge de ese deseo y ese apego. La prisión de los conceptos y la visión certera y liberadora. La prisión de las palabras frente al silencio de la liberación.

Al considerar esta polaridad no deberíamos perder de vista la diversidad y complejidad de la tradición que la encarna. Ni siquiera la India antigua acogió una única doctrina budista, sino muchas, y una ingente familia de textos, debates y polémicas doctrinales.

Si bien es cierto que el budismo es una práctica y una creencia enraizada en la vida y enseñanzas de un personaje histórico, el Buda (un asceta errante llamado Śākyamuni que impartió su primera enseñanza cerca de Benarés, allá por el siglo VI antes de nuestra era), también lo es que la tradicion imaginó otros budas de carácter mítico, pero al decir "budista" se intenta respetar de alguna manera las formas diversas con las que las distintas tradiciones entroncaron sus creencias a una transmisión que se remonta hasta el buda Śākyamuni.

Trataremos de mostrar de una manera clara la complejidad de documentos, testimonios, escuelas y órdenes monásticas que reclaman expresar las enseñanzas de Śākyamuni. Para ello nos serviremos de algunas categorías de conveniencia. Distinguimos un budismo temprano que se conoce como budismo canónico o *vehículo de los discípulos* (śrāvakayāna). A este budismo siguen las primeras escuelas y órdenes especiales, el budismo de los nikāyas, en una época en la que se consolidan muchos de los conceptos explicados en este libro. Entre los movimientos que se desarrollaron en ese tiempo destaca la *doctrina de los ancianos* (sthaviravāda), que influirá decisivamente en el budismo del sudeste asiático.

Entre esas escuelas tempranas se va fraguando un movimiento que llegará a describirse a sí mismo como el *gran vehículo* (mahāyāna). Durante los siglos II y IX de nuestra era, esta corriente creará una fascinante literatura filosófica que reorientará la visión budista del destino humano y tendrá una enorme influencia fuera de India, sobre todo en el Tibet y Asia oriental.

Entre los siglos VI y VII surge en la India, en el seno del mahāyāna, el llamado budismo tántrico, conocido también como el *vehículo del diamante* (vajrayāna). Este movimiento culmina entre los siglos VII y X, e influye durante un tiempo en el budismo del sudeste asiático, en el budismo de Asia oriental y en varias corrientes budistas del Tibet y Mongolia.

Con este esquema pretendemos simplificar la ingente variedad de escuelas de la India antigua, y evitar así tener que entrar en detalles sobre el grado en el que todas estas corrientes han interactuado hasta el punto de no dejarse distinguir claramente.

Los textos reflejan gran parte de esa complejidad. Basta tener en cuenta, por ejemplo, que entre estas tradiciones destacan seis familias de textos que, aunque vinculados por compartir una mitología y una terminología común, coexistieron en tensa polémica. Estos textos se compusieron en diversas lenguas de la India antigua, pero se han conservado principalmente en dos de ellas, la lengua clásica literaria de la India, la *lengua culta*, el sánscrito (saṃskṛta), y, en otra lengua literaria, afín al sánscrito, que se conoce como *lengua textual* o pali (pāli).

Seis tradiciones textuales se identifican en este libro. En primer lugar, la escolástica de lengua pali (el abhidhamma pāli y la doctrina de los grandes comentaristas que escribieron en dicha lengua, tales como Buddhaghosa). Esta tradición textual refleja probablemente las enseñanzas de la antigua *escuela de los ancianos*, lo que hoy es el theravāda. En segundo lugar, la escolástica de lengua sánscrita (principalmente el abhidharma de la escuela sarvāstivāda). En tercer lugar, los tratados independientes sánscritos de las escuelas mahāyāna (por ejemplo, los tratados de los mādhyamika y los yogācāra). Este edificio escolástico depende de textos anteriores, como los diálogos que se atribuyen al Buda, a sus discípulos inmediatos o a los budas míticos, los cuales se dividen en tres grandes grupos, a saber, los sutras anteriores al mahāyāna (suttas de los nikāyas, en pāli, y sutras de los āgamas, en sánscrito), los sutras mahāyāna y los discursos simbólicos y rituales del budismo tántrico.

Como se ha dicho, lo que vincula a todas estas corrientes como concepciones antropológicas es una metáfora: la metáfora del cautiverio. Todas las criaturas son Segismundo: se encuentran atrapadas en la prisión de la existencia. Pero hay una vía a través de la cual escapar, la liberación, aunque algunas tradiciones optarán por permanecer en la existencia y convertirla en el lugar de su actividad liberadora, y esa liberación será llamada, en el ideal del bodhisattva, "despertar". Aunque en ciertos estados y desde algunas perspectivas se concibe al ser humano como una entidad impotente, sometida a la fatalidad de actos guiados por su propia obcecación y testarudez, son posibles otros estados, representados por las figuras ideales de los liberados, los arhants (los que son dignos, los que merecen nuestro respeto y veneración). Entre estos sabios destacan aquellos que, además de haber logrado la liberación, tienen la capacidad de servir de paradigmas supremos de la compasión, la virtud y la sabiduría: los budas o despiertos.

El budismo conoce además otra figura ideal y mucho más humana (quizá por ser de origen mitológico): la del buda en potencia o bodhisattva. Aunque esta figura representa el ideal supremo del budismo mahāyāna, aparece también en el *vehículo de los discípulos* (śravakayāna), en la *doctrina de los ancianos* (sthaviravāda) y, más tarde, en el budismo tántrico o *vehículo del diamante* (vajrayāna).

El bodhisattva destaca por su heroicidad en lo ético y su hechizo en lo estético. Es el buda en potencia, el que se encamina hacia el estado de buda. Se distingue por su dedicación al bien del prójimo, por lo que se le asocia con la actividad salvadora y los poderes prodigiosos. Este ideal presenta al mismo tiempo una dimensión ética (el altruismo), una dimensión sapiencial (la visión liberadora) y una dimensión prodigiosa (el poder liberador). Las mismas dimensiones se manifiestan en el ideal del budismo tántrico, que se representa una nueva figura ideal: el siddha. El siddha es el mago de la liberación, experto del ritual, dotado de formidables poderes, pero igualmente capaz de trascender la dualidad de los mismos pares de opuestos que lo atan en la paradoja de la antropología budista: ceguera y visión, prisión y libertad, renacer y liberación.

Estas cuatro figuras –arhant, buda, bodhisattva y siddha–, especialmente las del buda y el bodhisattva, constituyen los paradigmas ideales de esta antropología que propone escapar de la ceguera de la existencia mediante una visión clara y despierta, escapar del renacer mediante el desprendimiento del deseo y la sed. De esa antropología se ocuparán las páginas siguientes, antropología del cautiverio y la liberación, del impulso inconsciente y de la conciencia plena y despierta. Antropología de *fugitivos* y de moradores serenos de una falsa prisión.

I. EXISTENCIA

El océano de las existencias

La vida humana es para el budismo una corriente salvaje, una tormenta marina, la crecida torrencial de los ríos en época de lluvias. Ese torbellino líquido se llama saṃsāra. El término sánscrito significa fluir atropelladamente y también extraviarse, errar, deambular. La existencia, para la imaginación de la India, se concibe como un vagar sin rumbo ni propósito. Y la historia de este viaje, como toda historia, no tiene principio ni fin. Ponerle un comienzo es sólo una forma arbitraria de acceder a ella, de representárnosla e incorporarnos a su marcha. Por eso se dice que el saṃsāra no tiene comienzo: «No es posible encontrar un principio a la precipitación de los seres en la ignorancia: prisioneros de su propia sed de existencia, vagan sin rumbo de renacer en renacer» (*Colección de diálogos afines*, Saṃyutta-nikāya).

El saṃsāra es una inquietud esencial y un torrente de ansiedad. Nada en él se detiene, nada está quieto. Si queremos observar de cerca ese flujo en perpetuo cambio necesitaremos un sistema de referencia móvil, tendremos que subirnos a un tren en marcha, asistir a una función que ya ha comenzado. Para ello podríamos seguir la pista a una de las criaturas (sattva) de ese devenir (bhava), uno de los seres que habitan el saṃsāra. Y dado que para esta observación utilizaremos las palabras, nadie mejor que un ser humano para servirnos de hilo conductor. Y de entre todos los miembros de la familia humana, escogeremos a ese que lee ahora estas líneas: el lector que lee y, al mismo tiempo, viaja en el saṃsāra.

Ya tenemos la criatura. Ahora debemos escoger un momento de su historia y, a partir de dicho instante, seguir el hilo de su compleja trama. Nada mejor (otra arbitrariedad más que nos ayudará a contar la historia) que el momento presente, el ahora que también se desplaza y que está, como el resto de las cosas, sujeto a las más diversas contingencias. Ya sólo nos queda el lugar y, puesto que hemos escogido al lector, su lugar será el lugar en el que se encuentra ahora, suponemos que en algún lugar del planeta Tierra, aunque, si hay que creer a la mitología budista, ese lector podría encontrarse en el reino subterráneo de los nāga o en algún otro destino fuera del ámbito humano, fuera del mundo que habitan el autor y los lectores de este libro.

Ya tenemos todo lo necesario para nuestro viaje. Sujeto, tiempo y lugar, todos interrelacionados, todos mutuamente condicionados (pratītyasamutpāda). Ya podemos contar la historia del saṃsāra.

Empezaremos por la persona (pudgala), el individuo que lee estas páginas y que pasará por otros estados o procesos (bhava) tras la muerte. Esos estados o procesos pertenecen al reino de la "existencia". Para la imaginación de la India se puede existir de muchas maneras. En el Occidente contemporáneo el término "existencia" está estrechamente ligado a la vida humana. Y esa vida la imaginamos ligada al problema de tener sólo una, siempre humana y siempre prisionera de ese globo terráqueo que gira en torno al sol. Y sobre todo la imaginamos limitada por la muerte, ese final que nos apremia urgentemente a hacer algo con ella, algo que le otorgue un sentido y la haga merecedora de ser vivida. Una de las corrientes filosóficas más influyentes del siglo XX adoptó el término *existencialismo* para describir esta situación. Pero seamos o no existencialistas, nos cuesta imaginar un conejo, un fantasma o un dios con problemas existenciales y relegamos esa posibilidad a la literatura fantástica. Sería más difícil experimentar angustia existencial si tuviéramos muchas vidas. Y este supuesto que Occidente ha considerado poco plausible, para la tradición de la India fue un punto de partida.[1] El concepto filosófico de "existencia", tal y como fue concebido en la India, trasciende así algunas de las limitaciones que le ha dado el pensamiento occidental. Pero la expansión del término no sólo atañe al sujeto: la "existencia" alcanza también, en el ámbito geográfico y temporal, lugares y momentos que la imaginación europea consideraría fantásticos.

Así, podemos decir que el lector existe ahora como ser humano (manuṣya), en la Tierra, en el siglo XXI, pero que ha tenido una historia pasada en la que quizá no era ser humano, sino un dios (deva), uno de los condenados a los purgatorios infernales (naraka), un animal (tiryak) o un fantasma (preta), y que seguramente habrá de seguir vagando por los diferentes reinos de la existencia hasta lograr la liberación (nirvana).

Además, para la imaginación budista la existencia tiene una dimensión cósmica. El cosmos no es simplemente el espacio que ocupan los seres; son los propios seres, con sus accio-

1. Un ejemplo de filtraciones interculturales: *The sixth sense*, una película norteamericana cuyo director, Shyamalan, es de origen indio. Cuenta la historia de un fantasma con problemas de identidad. Existen otros precedentes cinematográficos, *The portrait of Jennie* de William Dieterle (1948) y, con raíces en la mitología japonesa y el budismo, *Ugetsu* de Kenji Mizoguchi (1953).

nes, los que configuran sus mundos, sus diferentes ámbitos del nacer y el morir. El saṃsāra se divide así en cinco (a veces seis) ámbitos o dominios, en los cuales los seres renacen de acuerdo con la calidad moral de sus acciones (su karma). Los seres viajan a través de estos mundos, cada uno de los cuales corresponde a sus diferentes modos de existencia, al destino (gati), siempre provisional, al que le envían sus propios actos.

Mundos posibles

Antes de explicar en detalle estos modos de existir, estos dominios del renacer, debemos aclarar que hasta hace poco tiempo la mayoría de los budistas de Asia concebían el mundo que habitamos según una cosmografía mítica. Dicho mapa del mundo no fue configurado a partir de las observaciones de astrónomos y navegantes, sino de la antiquísima tradición de las escrituras budistas.

Los orígenes de esta cosmografía se remontan posiblemente a una mezcla de ideas de origen iranio y concepciones compartidas por textos prebudistas como los Vedas y los Brāhmaṇa, así como por algunas tradiciones de pensamiento rivales, como el jainismo o el brahmanismo. No obstante, buena parte de esta cosmología parece ser una creación original del budismo primitivo.

En esta concepción budista, el mundo (loka o lokadhātu) no se concebía del mismo modo que en Europa tras la revolución copernicana, la teoría de la relatividad y los viajes espaciales, sino que se imaginaba como un disco plano con cuatro continentes principales en cuyo centro se encontraba el monte cósmico Sumeru. El Sol y la Luna giraban alrededor de su cumbre, y los continentes a sus pies eran islas, la más importante de las cuales recibía el nombre de Jambudvīpa, que corresponde en un plano geográfico a la India y es el centro del mundo humano. Los dioses habitaban el punto más alto de la montaña y los cielos se elevaban por encima de ellos.

Pero no hay un solo mundo, sino múltiples. A cada uno de ellos le corresponde un lugar específico para cada uno de los destinos fastos y nefastos (gati), de modo que aunque es posible renacer en otro mundo, éste ofrecerá exactamente la misma forma, el mismo plano cosmográfico y el mismo número de modos de renacer.

La vida en cualquier punto de estos mundos es llamada vida *mundana* (laukika). Así, los cielos o paraísos son lugares mundanos, por lo que, en sentido estricto, no son exactamente paraísos. Como veremos más adelante, lo único que está por encima de lo mundano, más allá de los confines de los innumerables mundos (lokottara), es la liberación.

Según esta cosmología, el universo está poblado de muchos de estos mundos y de un número incontable de sistemas de mundos. El que habitamos nosotros, por ejemplo, forma parte de un sistema de mundos que contiene (de acuerdo con una de las diversas maneras de calcularlo) cerca de mil millones de mundos, siendo cada uno de ellos receptáculo del renacer de las criaturas mundanas.[2] Y todos ellos presentan exactamente la misma estructura, el mismo plano cosmográfico y los mismos ámbitos del renacer.

2. Un mundo o loka se conoce técnicamente como lokadhātu, base de mundo o contenedor de cosas mundanas, lo que el estudioso belga Louis de la Vallée Poussin llamó *le monde receptacle*, el receptáculo de cosas mundanas o mundos (loka) que no pertenecen al mundo de la liberación.

Aunque en todos podemos encontrar destinos fastos y nefastos, algunos son mejores que otros. Hay mundos que se han convertido en el espacio donde tiene lugar la acción salvadora de los budas y los budas en potencia (bodhisattva). Se trata de mundos puros o en vías de purificación. En cambio, hay mundos que no conocen a los budas o el budismo, razón por la cual son especialmente nefastos e impuros.

Destinos fastos y nefastos

En todos estos mundos, al margen de aquellos excepcionales que han sido purificados por los budas (buddhakṣetra), existen cinco formas de renacer. Y todas ellas, de una manera u otra, acarrean dolor. Las cinco formas de renacer se conocen como *gati*, término sánscrito que significa literalmente "modo de ir" o "meta del ir": de ahí que la palabra se pueda traducir como "destino". En general las escrituras canónicas (los nikāya y los āgamas) listan cinco clases de destinos, aunque también encontramos seis en algunas listas escolásticas.

Tres de estos modos de renacer son destinos desgraciados (durgati): el renacer en los infiernos (naraka), entre los animales (tiryak, tiryagyoni) o entre los fantasmas hambrientos (preta). Tienen como consecuencia nefasta la imposibilidad de ver a los budas o escuchar su doctrina (dharma). Cuando se cuentan seis destinos, el sexto es el de unos seres irascibles, semidioses o semidemonios, llamados *asura*, siendo este destino igualmente nefasto.

Los otros dos ámbitos del renacer son destinos positivos (sugati): el reino de los hombres (manuṣya) y el de los dioses (deva), en los cuales se puede escuchar la enseñanza budista (śāsana) y alcanzar cierta felicidad. Entre los dioses, aunque se goza de placeres celestiales, no es posible seguir el sendero budista (mārga) y por tanto no se puede alcanzar en sus mundos la liberación (nirvana), asunto estrictamente humano. Así, el ser humano ocupa un lugar privilegiado en el entramado de los seres.

En los destinos nefastos hay más sufrimiento que dicha, en los destinos humanos la dicha y el sufrimiento están más equilibrados, mientras que para los dioses la dicha supera al sufrimiento. Irónicamente, la felicidad de los dioses les hace muy difícil pensar en la liberación, y cuando su estancia en los cielos llega a su fin, la pérdida de su vida dichosa les hace conocer de nuevo el sufrimiento.

A pesar de que es posible gozar de la dicha en los destinos fastos, toda existencia es en general dolorosa debido a la fugacidad y contingencia de todas las cosas. La dicha condenada a desaparecer no es sino sufrimiento, la impermanencia (anitya) contamina toda felicidad. Las existencias afortunadas (sugati) son sólo un resplandor fugaz en una larga noche de oscuridad. «Vagaste sin rumbo en este largo viaje de nacimiento en nacimiento, y gemiste y lloraste porque te tocó lo que odias y no lo que gustas, y mientras lo hacías has vertido más lágrimas que agua hay en los cuatro océanos.» (*Colección de diálogos afines*, Saṃyutta-nikāya II).

Como ya se ha apuntado, hay un sexto destino que sólo aparece recogido en algunos textos, el de los asura (semidioses o demonios airados).[3] El esquema de los cinco o seis destinos refleja creencias comunes a las religiones de la India an-

3. Es importante no confundir en este punto los asura, que en su origen son deidades enemigas del orden del sacrificio brahmánico, con las iracundas deidades

tigua. Pero el panteón budista incorporó otros seres mitológicos de la cultura popular y la mitología culta, antiguos objetos de culto y devoción entre los que se encuentran esos mismos asura y otras figuras como los nāga (serpientes telúricas, protectoras del agua y los tesoros del subsuelo), las yakṣa (espíritus de los bosques y los árboles) y los gandharva (músicos celestiales y mediadores en la fecundación sexual).

En la mitología de las elites budistas, muchos de estos seres se convierten en protectores de la enseñanza: son los embajadores y preservadores del dharma. Los escolásticos se vieron en la necesidad de situar a estos seres en algún lugar diferente a los de los cinco destinos clásicos, dado que, según la tradición, algunos de ellos habían alcanzado una vida llena de mérito y virtud. Así, algunos dioses o semidioses ocuparon diferentes lugares del plano cósmico; las serpientes míticas (nāga), por ejemplo, fueron relegadas a los lugares subterráneos, debajo del ámbito humano, y los dioses de las horas y los puntos cardinales se ubicaron en las faldas del monte Sumeru. Algunos tratadistas situaron a los asura en la parte alta de la ladera del monte Sumeru, bajo el primero de los paraísos, en el palacio y los jardines reales del dios Indra, conocido como el cielo de los *Treinta y tres dioses*.

La vida en cada uno de los ámbitos del renacer no es estable ni duradera, mucho menos eterna, y tampoco está libre de penas. Los seres pueden renacer como dioses y morar temporalmente en el paraíso o renacer para habitar alguno de los infiernos, pero tanto en los destinos fastos como en

---

del tantrismo, que son manifestaciones airadas del poder de la liberación o dioses protectores de otras mitologías afines.

los nefastos, los seres experimentan el sufrimiento, el nacimiento (que es un renacimiento), la decadencia de la vejez y la muerte (que es un remorir). Estos destinos se pueden describir brevemente de la siguiente manera:

Deva: divinidad, criatura celeste. Para el budismo, los dioses son numerosos y viven temporalmente en alguno de los paraísos como consecuencia de sus buenas acciones en una vida pasada. Como la mitología escolástica los hace parte del proceso del renacer, no son, en sentido estricto, inmortales. Simplemente no conocen la agonía del morir, pero sí la de saber que su felicidad no durará siempre. Habitan paraísos situados en la cumbre del monte Sumeru, la montaña cósmica y eje del mundo, y otros celestes. Una vez agotado su buen karma pueden renacer en cualquiera de las otras formas de existencia (gati). Así pues, los dioses están también sujetos a la ley del karma y en este sentido no son diferentes de los hombres, los animales o los seres infernales. Todos ellos son vagabundos del saṃsāra.

Asura: Forman parte del grupo de seres míticos que atienden a los sermones del Buda. Según la mitología brahmánica fueron en el pasado dioses poderosos. Agresivos y ambiciosos, codiciaron la ambrosía de la inmortalidad que pertenecía a los dioses y se la disputaron en singular batalla. Derrotados en la guerra cósmica, fueron desterrados del paraíso y enviados a un lugar que la cosmología budista sitúa en la vertiente norte del monte Sumeru. Su valoración es ambigua: son considerados discípulos y protectores del Buda, pero a su vez criaturas violentas y ambiciosas.

Tiryak: los seres del reino animal, que sufren más que gozan y a los que resulta más difícil escuchar y practicar la enseñanza budista. Los animales domésticos están sometidos al yugo del hombre, y los salvajes padecen en su lucha por sobrevivir.

Naraka: los seres que habitan los infiernos como condenados a las penas del averno. Difieren de los guardias del señor de la muerte, Yama, y de los verdugos que ejecutan las penas infernales; éstos últimos ocuparon siempre un lugar incierto en la mitología budista, y en ocasiones se les considera creaciones de la mente de los condenados. Los tormentos que sufren no les permiten practicar la intuición serena que promulga la doctrina.

Preta: Antepasado, manes, y en la etimología popular "el que se ha ido", "difunto", "fantasma". Espíritu famélico o hambriento. Son seres cuyo karma es demasiado malo para determinar su renacimiento entre los asuras, pero no tan malo como para que renazcan en los infiernos (naraka). Según la concepción tradicional, la avaricia, la avidez, la envidia y los celos pueden determinar el renacimiento entre los preta. Padecen el tormento del hambre, pues tienen el vientre enorme y la boca del tamaño del ojo de una aguja.

Manuṣya: los seres humanos. Sufren por el dolor que se infligen unos a otros –el amo al siervo, el enemigo a su rival– movidos por su ambición y egoísmo. Pero también sufren porque sus deseos, hostilidades y necedad les generan angustia, desazón y hastío.

Infiernos, dioses y fantasmas

Nos detendremos un momento en el quinto de los destinos, el de los preta, los fantasmas o antepasados. Entre los brahmanes existía la creencia de que los espíritus de los difuntos llevaban durante el primer año tras su muerte una existencia penosa y desencarnada, causando estragos domésticos para persuadir a los vivos de que realizaran los ritos (śrāddha) que les proveerían de un cuerpo apropiado para reunirse con sus antepasados en el paraíso.

En las escrituras budistas la figura del preta (pāli: peta) se conserva, pero su condición se transforma. Pasa de ser una figura provisional o de enlace entre los posibles destinos del mundo del renacer (saṃsāra) a convertirse en un destino independiente.

Un texto pāli llamado *Cuentos de los preta* (Petavatthu) describe el tipo de existencia que llevan estos seres.[4] Se alimentan de impurezas y desechos y están sometidos a un continuo sufrimiento. Tienen un aspecto agónico, y se dice que frecuentan las letrinas de antiguos monasterios, donde se alimentan de heces fecales. También aparecen en las jambas de las puertas, en los cruces de caminos o en los pozos, esperando para abalanzarse sobre restos de comida. Rondan a su vez los cementerios, donde se alimentan de la carne putrefacta de los cadáveres. Los preta viven en el mismo espacio que los seres humanos, pero habitan otra dimensión y no es posible contemplarlos en condiciones normales.

Un individuo se convierte en preta si en una vida anterior no fue generoso, especialmente si no lo fue con los miembros de la comunidad monástica budista. Al morir, esta persona pasa a ser mendigo de ofrendas. Algunos investigado-

4. La forma sánscrita es *preta*, siendo *peta* la forma pāli. El término se deriva de *pitr*, "padre", posiblemente en la forma derivada *paitar* o *paitra*, "ancestro", "manes". Existe una etimología popular que deriva la palabra de *para-ita*, "el que se ha ido", "el que ha partido", "difunto".

res interpretan la mitología de los pretas como una extensión de la práctica védica del fuego sacrificial y la ofrenda a los antepasados. En la religión india prebudista, védica y brahmánica, el padre de familia tenía la obligación de mantener siempre encendido el fuego del sacrificio en su hogar y alimentar a los espíritus de sus antepasados.

En el período budista la comunidad monástica (saṅgha) desempeña parcialmente el papel de los antepasados, mientras que la ofrenda a la comunidad monástica juega el papel del fuego sacrificial. Para asegurar la continuidad de esa otra familia que es la comunidad budista, se donan ciertos bienes a la saṅgha, y esa misma donación sirve para asegurarse un buen renacimiento. No llevar a cabo esta práctica conlleva el riesgo de no encontrar el modo de sustentarse en una vida venidera.

Se establece así un paralelismo moral entre la obligación hacia los mayores y antepasados y las obligaciones hacia la comunidad de monjes. Dar sustento a los monjes es como dar sustento a los antepasados. Existe además un segundo paralelo, pues caer en el estado de preta significa haber fallado en dos de las obligaciones más importantes de la India antigua: la generosidad y la gratitud hacia los mayores y los maestros.

Tanto en Asia oriental como en el sudeste asiático encontramos ritos cotidianos y festivales anuales en beneficio de los manes que reflejan estos paralelismos. Festivales para cuidar de los muertos y los antepasados, y festivales para honrar a la comunidad monástica. Pero además, y esto es una particularidad netamente budista, estas ceremonias están destinadas también a aliviar las penas de aquellos fantasmas hambrientos que no fueron antepasados directos. En el transcurso de incontables renaceres, cualquiera puede haber sido en una vida pasada nuestra madre o nuestro padre.

Paraísos

La cosmología budista describe toda una jerarquía de paraísos. Éstos incluyen los seis reinos del "mundo sensual" (kāmaloka), donde todavía se experimenta el placer y el deseo sensual: los reinos de la "forma pura" (rūpaloka, donde se renace con un cuerpo material, pero sutil y libre de pasiones), y los reinos "sin forma alguna" (arūpaloka, donde la existencia es puramente espiritual), éstos últimos habitados por dioses superiores llamados *brahmas*. Los paraísos son destinos (gati) en los que puede renacer cualquier ser vivo una vez ha logrado el karma positivo requerido. La vida en dichos paraísos es el resultado de la acumulación de actos justos y meritorios (kuśala) en existencias previas, que han generado suficiente buen karma para ingresar en uno de los cielos. La estancia en los paraísos es placentera, y en los más elevados el dolor físico y mental está prácticamente ausente.

Renacer en los paraísos del "mundo sensual" es resultado de la práctica de la generosidad (dāna) y la buena conducta (śīla), mientras que el renacimiento en los paraísos superiores es el resultado de la práctica de la meditación (dhyāna). La vida en estos lugares es larga y feliz, pero siempre llega un momento en el que el buen karma se ha agotado y hay que abandonar el paraíso, que, como se dijo pertenece a la esfera mundana. La impermanencia (anitya), una de las marcas de todo lo existente y uno de los temas recurrentes del budismo, alcanza también a estos reinos excelsos. Cuando la serenidad gozosa de los que allí moran se extingue, surge el dolor (duḥkha) de saber que la dicha se acaba y es el momento de abandonar el paraíso.

Por tanto, el paraíso no carece completamente de dolor, pues los placeres que otorga llegan en algún momento a su fin. Sólo el nirvana puede escapar de la persistente presencia del sufrimiento, sólo la liberación detiene el renacer y hace que el dolor quede completamente extinguido. Quizá la vida en un paraíso sea el estado mundano que más se asemeja a la dicha de la liberación final, de ahí que, pese a sus limitaciones, los paraísos sean unos de los destinos más deseables.

Los cielos sirven de modelo a otros lugares felices, mundos donde la acción transformadora de un buda o un bodhisattva ha logrado erradicar los destinos nefastos. Se trata de universos que son el campo de acción y purificación de los budas y se conocen como *campos de budas* (buddhakṣetra). Así, el hombre puede aspirar a renacer en uno de esos mundos purificados. Buddhaghosa, escolástico theravāda del siglo quinto, escribe en su monumental obra *Vía de purificación* (Visuddhimagga) que él mismo no espera alcanzar el nirvana en su vida presente y que, dado que la enseñanza decae conforme uno se aleja del tiempo histórico del Buda, confía en renacer en un futuro donde pueda recibir la enseñanza del próximo buda, Maitreya, cuando nuestro mundo vuelva a purificarse. Entretanto espera su renacimiento en uno de los paraísos celestes. Otros budistas esperaban renacer en el paraíso donde habita Maitreya en el presente, en espera de su visita a nuestro mundo. Se trata de uno de los paraísos celestes, pero transformado por la presencia de ese futuro buda, es decir, de un bodhisattva que ya está a punto de alcanzar el estado de buda.

Infiernos

El más nefasto de los destinos, el infierno, juega un importante papel en casi todas las tradiciones budistas. No obstante, pese a la severidad de las torturas del infierno, sus penurias, como los gozos celestiales, no son eternas, y, una vez cumplida su condena, los seres que allí sufren abandonan las prisiones subterráneas para seguir errando por los diferentes destinos de la existencia. Los infiernos budistas son más bien purgatorios.

Por otra parte, el infierno presenta una característica que no comparten las visiones de otras tradiciones euroasiáticas sobre los destinos de ultratumba. No todo es oscuridad en estos mundos subterráneos. En las representaciones pictóricas de la rueda de la vida, puede verse, desplazándose sigilosamente, siempre alerta, la luminosa figura de un buda o un bodhisattva que recorre los pozos del dolor con el propósito de aliviar e incluso rescatar a los seres que allí moran. Algunos bodhisattva son especialistas en este tipo de misiones, entre ellos Kṣitigarbha (Dizang en chino) y Avalokiteśvara (Guanyin).

Las visiones del infierno, asimismo, pueden servir de aliento a la fe del budista. Nāgārjuna, en un extenso tratado que le atribuye la tradición, el *Comentario al gran discurso sobre el discernimiento perfecto* (Mahāprajñāpāramitāśāstra), sitúa la discusión de los infiernos bajo el apartado del vigor (vīrya), una de las virtudes que el bodhisattva debe cultivar. Reflexionando sobre el dolor que se experimenta en los infiernos, el bodhisattva desarrollará una gran energía: explorar los mundos subterráneos le ayudará a constatar que el sufrimiento procede de la ignorancia y las pasiones, y que deberá cultivar las seis virtudes perfectas para, llevado de su infinita compasión, acabar con el dolor de los seres en los diferentes destinos de la existencia.

Las ideas budistas sobre el infierno se desarrollaron a partir de un trasfondo cultural que incluye tanto concepciones derivadas del período de los Vedas (por ejemplo Yama, rey de ultratumba) como aspectos del brahmanismo. Los textos más antiguos difieren sobre la arquitectura del infierno, los nombres de sus diferentes estancias y el lugar geográfico que ocupan. Algunos documentos hablan, por ejemplo, de un gran infierno con cuatro puertas, cada una de las cuales conduce a un infierno más pequeño; otros textos describen cinco o siete; otras fuentes listan diez infiernos fríos, otras dieciocho, y se han hallado textos que enumeran treinta y hasta sesenta y cuatro infiernos. Generalmente se considera que la vida en los infiernos es más larga que la vida humana o la animal.

En el modelo más común, el edificio infernal consta de ocho plantas, una encima de la otra, enterradas bajo el continente de Jambudvīpa. La más cercana a la superficie se llama saṃjīva y es el infierno de los "revividos", pues el viento revive a las víctimas desmayadas tras ser torturadas. A continuación figura "el cordón negro", kālasūtra, donde un hilo azabache corta a los condenados en pedazos. Por debajo se sitúan sucesivamente saṃghāta, donde los seres son aplastados entre dos grandes objetos. En el cuarto sótano se encuentra el infierno del "llanto", raurava, y por debajo el infierno del "gran llanto", mahāraurava. El sexto es un infierno donde el calor es opresivo, tapana. Le sigue un infierno todavía más caliente que el anterior, llamado pratāpana, y, por último, el peor de todos, el infierno inferior, avīci (profundísimo), las entrañas del averno, un infierno donde las torturas no conocen descanso.

Cada uno de ellos alberga dieciséis compartimentos más pequeños, que reciben el nombre del castigo que tiene lugar en ellos: la caverna de la arena negra, la morada del excremento hirviente, los quinientos clavos, el hambre, la sed, la olla de cobre, las incontables ollas de cobre, la piedra de molino, la sangre y el pus, el juicio del fuego, el río de cenizas, la bola de fuego, el receptáculo de las hachas, el rincón de los zorros, el bosque de las espadas y la habitación del frío. La imaginación budista en torno al infierno tiene poco que envidiar a la del célebre florentino.

Mientras que para la astrofísica moderna el universo está organizado a gran escala por la fuerza de la gravedad, que curva el espacio-tiempo tal y como lo imagina la teoría de la relatividad de Einstein, el cosmos budista está organizado en función de las acciones de los seres, que "pesan" y ejercen su influencia en la configuración de los diferentes espacios donde tienen lugar las existencias. Todo el universo está ordenado mediante una jerarquía moral en la que los infiernos ocupan la parte más baja y los cielos la más alta; pero en esta concepción existe además la posibilidad de transformarse en una forma de ser extramundana, libre del renacer.

La mayoría de los relatos sobre el averno incorporan aspectos morales, de entretenimiento, y elementos de la literatura fantástica y mítica. Por un lado, todos ellos enfatizan lo ineludible del karma: cada acción tendrá su castigo y la posibilidad de renacer en los infiernos planea siempre sobre la imaginación del lector. Los textos se presentan a sí mismos con una clara intención soteriológica, conducir al fiel hacia la virtud (kuśala) y alejarlo de los vicios que contaminan la acción (kleśa), aunque esto no excluye que escondan una agenda política: la gestión del miedo y la promoción del respeto a la comunidad monástica –y probablemente al orden social y político que sostenía a la comunidad budista.

Pero, por otro lado, las narraciones infernales también muestran un aspecto recreativo (que tampoco es ajeno a agendas políticas). Insertadas en cuentos populares, dramas teatrales, relatos de ficción o tratados escolásticos, todas ellas describen minuciosamente las penas de los condenados y las hazañas de los bodhisattva, que se adentran en estos reinos tenebrosos a la caza de seres a los que rescatar.

Los infiernos han sido una rica fuente de mitos y leyendas para los predicadores budistas. Algunos relatos describen al soberano del mundo subterráneo, el rey Yama, interrogando a los difuntos acerca de las advertencias de sus tres mensajeros –la vejez, la enfermedad y la muerte–, cuya visita recibieron cuando estaban vivos. Los que entonces hicieron caso omiso a sus consejos se encuentran ahora ante las puertas del averno. Muchos son los que ignoran las señales de la impermanencia, persistiendo en actos egoístas o malvados; sólo aquellos que reconocen los peligros de un deseo aferrado y persistente pueden liberarse del sufrimiento.

Los viajes a ultratumba son también un motivo habitual en la literatura. Sabios y santos descienden a los infiernos para asistir a los que allí sufren o para rescatar historias y relatos ejemplares que sirvan de ayuda a aquellos que no han prestado atención a los mensajeros de Yama. A menudo el protagonista de estas hazañas es Mahāmaudgalyāyana, conocido en China como Mulian, uno de los diez discípulos del Buda histórico. Mahāmaudgalyāyana es un *hacedor de maravillas* que, gracias a sus poderes extraordinarios, puede viajar libremente, y no impulsado por su propio karma, de uno a otro de los ámbitos del renacer. La gravedad del karma no afecta a este arhant volador, famoso por sus recorridos entre los diferentes mundos y que se mueve a lo largo de la escala que une los destinos fastos y nefastos. Sus incursiones a los infiernos son relatadas en la mitología de la escuela sarvāstivāda (India, primeros siglos de nuestra era) y en *El gran relato* (Mahāvastu), compuesto entre los siglos II y IV, así como en la literatura popular de China, Tibet, Japón, Corea y Tailandia.

En la tradición iconográfica china, Mulian parte en busca de su difunta madre y descubre que ésta no se encuentra en los paraísos. El relato ha sido representado en China en diversos formatos. La festividad de los fantasmas hambrientos incluye a menudo representaciones teatrales de la odisea de Mulian, a través de cuyo recorrido es posible entrever diferentes aspectos de los infiernos. El protagonista pasa por diversos lugares, como el infierno de la cama de acero, donde su madre es torturada por haberse guardado para sí algunos bienes que estaban destinados a los monasterios; el infierno de la montaña del cuchillo, donde los seres son cortados en rodajas mientras trepan por sus laderas, o el infierno del caldero ardiente, donde el pecador se cuece sumergido en aceite hirviendo. Finalmente, Mulian rescatará a su madre, pero no sin antes recordar a los espectadores que la ley del karma es implacable.

En la iconografía budista aparecen también otros bodhisattva que realizan tareas de rescate en los infiernos. En zonas de influencia cultural china, además de Mulian encontramos a Dizang (Kṣitigarbha en sánscrito) y los Diez Reyes del infierno. En los rituales fúnebres del ámbito cultural chino es frecuente la utilización de imágenes del bodhisattva Dizang, dado que se le considera el salvador de los seres atrapados en los infiernos. En estas imágenes aparece o bien vestido de monje, portando su túnica y llevando un báculo, o bien como un príncipe bodhisattva.

El término que designa el infierno en chino es *diyu*, que se puede traducir como "prisión subterránea", el lugar en el que se cumple la condena del mal karma. De ahí que los Diez Reyes del infierno sean representados como jueces. En China se les rinde un culto particular y se los venera con el propósito de que el difunto permanezca el menor tiempo posible en los infiernos. Se cree que el difunto pasa delante de cada uno de ellos cada tres años. En esos días se realizan ofrendas a los monarcas para que aligeren la pena del condenado.

También se asocia a los infiernos y las penas de ultratumba al rey Yama, que en China suele figurar vestido con atavíos reales. Originalmente, Yama era considerado en la India el rey de los muertos y se creía que era él quien acudía a llevarse el alma del difunto, usualmente a la fuerza y encadenada. Pero también se le consideraba el rey de los infiernos. En su palacio se encuentra el *espejo del karma*, donde se reflejan la vida y andanzas del fallecido y que registra, como una cámara, todo lo que hizo y todo lo que dejó de hacer.

Al margen de todas estas representaciones (con sus manifestaciones cultas y populares), los infiernos budistas han sido interpretados, sobre todo en los tratados de la escolástica yogācāra, como metáforas psicológicas. Los infiernos son considerados entonces creaciones de la mente del que cometió las faltas. La imaginación se construye su propio infierno, con sus carceleros y sus torturas. Las visiones espantosas y los dolorosos castigos son el fruto de las semillas que sembró la mente cuando se dejó contaminar por los actos nocivos que ella misma creó en su ceguera obstinada.

La rueda de la existencia

La iconografía budista describe los reinos del renacimiento en la llamada *rueda de las existencias* (bhavacakra), conocida también como la rueda de la vida o rueda del saṃsāra. Dice la leyenda que el mismo Buda enseñó la representación gráfica de esta rueda a sus discípulos cuando éstos le pidieron un método sencillo de transmitir sus enseñanzas (*Gestas de vidas celestes*, Divyāvadana).

Este mapa de la existencia, que se atribuye al Buda, ostenta el dibujo de un terrible monstruo que representa el tiempo y la muerte. Puede ser tanto el dios de la muerte, Yama, como el tiempo (kāla) que todo lo consume. La bestia sostiene entre sus garras y sus fauces la rueda de los renaceres de todas las criaturas, lo que alude a una idea recurrente en el budismo: la vida en manos del tiempo. En esa rueda se representan en seis segmentos los diferentes destinos. En la parte superior se encuentra el reino de los dioses, y siguiendo en sentido horario, el de los asura, los animales, los seres infernales, los fantasmas hambrientos y los seres humanos.[5] En el borde de la rueda y rodeando a estos segmentos se representan doce momentos en el proceso del renacer, conocidos como los doce eslabones (nidāna) del *origen condicionado* (pratītyasamutpāda), mientras que en el centro figuran las tres turbaciones (kleśa) que alimentan todo el proceso: la codicia, representada por el gallo; el odio representado por la serpiente, y la necedad, que toma la forma de un cerdo.

La ignorancia: fundamento de la existencia

El motor de la existencia es la ignorancia (en sánscrito, avidyā), entendida como carencia de sapiencia (vidyā). La ignorancia es lo que ata al individuo al ciclo de las existencias, una ceguera que le hace persistir obcecadamente en la existencia y le impide atisbar la posibilidad de la liberación.

En sentido técnico no se trata de una ignorancia o carencia de conocimiento, sino de una insipiencia fundamental, una falta de conciencia y discernimiento que fortalece el apego (upādāna) a los objetos del deseo, a los estados de placer y sufrimiento, a querer ser esto o aquello, a no desear tal o cual cosa (es decir, aferrarse a la existencia y la inexistencia). Es una ceguera moral y un autoengaño que se manifiesta como obcecación, concupiscencia y animadversión (las tres raíces de todo lo nocivo, o los tres akuśalamūla); una inopia sin comienzo (anādyavidyā) que causa, alimenta y mantiene los procesos del renacer y es la condición del su-

5. Muchas son las variantes de este esquema; tomamos el modelo más común como la norma.

frimiento innato (saṃskāraduḥkhatā), pues hace posible y refuerza la construcción del yo (ahaṃkāra) y el sentido de lo mío (mamaṁkāra).

La ignorancia o avidyā es la causa fundamental del renacer, y por ello se considera el primer factor de los doce elementos de la cadena causal, es decir, la primera de las doce bases (nidāna) del *origen condicionado* (pratītyasamutpāda), que es la forma que tiene la especulación budista de explicar la constitución y evolución de los seres a través del renacer y el remorir. A veces la palabra *avidyā* se refiere a la aprehensión falsa de la realidad o a la adopción de una creencia (dṛṣṭi) falsa. En esos casos es lo opuesto de vidyā en el sentido de conocimiento inequívoco, creencia cierta (la buena dṛṣṭi) o discernimiento (prajñā).

En las imágenes de la rueda de la existencia, la ignorancia (avidyā) se representa por un hombre ciego y es el primero de los doce factores de la cadena. Le sigue el condicionante de los actos y sus consecuencias (saṃskāra), que es también la predisposición mental o el temperamento, se representa por un alfarero que con su rueda va dando forma a las jarras, que son las vidas humanas. Ambos factores, la ceguera y el condicionamiento previo, son los que arrastramos de vidas pasadas, y los dos generan, en la nueva vida, la consciencia del ser (vijñāna). La conciencia humana está hecha de temperamento e ignorancia, de carácter y de deseo. Esa conciencia es el tercer factor entre los doce y con ella se incia la vida humana. El nuevo renacer lo encarna un mono, pues la consciencia es, desde sus orígenes, un animal curioso, inquieto e indómito.

Estos tres elementos son los tres primeros factores (nidāna) en la cadena del condicionamiento (pratītyasamutpāda), en la rueda de la vida, y sintetizan la vida pasada y el inicio de la presente.

El renacer se da cuando la consciencia genera la concepción del feto, pero es algo más que consciencia. El cuarto elemento, por consiguiente, está constituido por el cuerpo y el pensamiento (nāmarūpa), literalmente el nombre y la forma, genio y figura de la criatura. Este factor se identifica mediante dos hombres que navegan en un bote, ninguno de ellos puede navegar por sí mismo, uno depende del otro y ambos de la nave de la consciencia. Esta nueva persona, nueva en cuanto que supone una nueva vida y un nuevo yo, pero muy antigua si se considera que lleva consigo el condicionamiento de innumerables vidas pasadas, extiende enseguida a su alrededor los seis sentidos (ṣaḍāyatana), es decir, los cinco sentidos y la mente, que en la India se concibe como un órgano sensorial; y los seis sentidos se representan mediante una casa con seis ventanas.

Los sentidos hacen posible el sexto eslabón de la cadena, el contacto (sparśa) con el mundo exterior e interior (recordemos que la mente es un órgano sensorial interno). Este contacto es simbolizado de un modo sugerente por una pareja que se acaricia amorosamente, prefiguración del mensaje ascético de toda esta concepción de la existencia. El contacto da lugar a la experiencia sensorial, la sensación (vedanā), que se representa, dramáticamente, con una flecha clavada en el ojo de un hombre, prefiguración del mensaje final del mito: el origen del dolor.

Las sensaciones conducen irremisiblemente a una sed (tṛṣṇā) difícil de saciar. Y la sed nos convierte en coleccionistas de sensaciones, nos impulsa a buscar codiciosamente nuevas sensaciones que nunca nos satisfacen. En su representación, la sed es un hombre o varios entregados a la bebida, lo que parece apuntar que todo deseo responde a una adicción.

Es esta sed la que nos induce al apego (upādāna) a las experiencias y al deseo de nuevas experiencias. En este nivel, un mono extiende sus manos en busca de una fruta. Es el noveno eslabón.

Ésta es la base, en esta vida, del próximo devenir, la otra existencia (bhava), identificada con una mujer embarazada. Comienza así una nueva vida, nuestra vida futura, un nuevo nacimiento (jāti), señalado por la imagen de una mujer dando a luz a una criatura. Y esto conduce, irremisiblemente, a una nueva vejez y una nueva muerte (jarāmaraṇa). Su símbolo es un viejo decrépito o un hombre que lleva un cadáver al cementerio.

Este encadenamiento, dicen los textos, es al mismo tiempo la base de la experiencia y la experiencia misma de esa gran acumulación de sufrimiento enraizada en el apego al yo y lo mío.

El dolor

El sufrimiento inherente a la existencia, el dolor que causa el nacer, vivir, envejecer y morir en cualquiera de los destinos descritos, se expresa en los textos mediante el término *duḥkha*. En la literatura es a menudo indistinguible del hecho mismo de nacer, envejecer o enfermar (mental o físicamente) y no está disociado del deseo y la frustración de no obtener aquello que deseamos. El mundo de las existencias, el mundo del saṃsāra, está caracterizado por el dolor.

La realidad del dolor se apunta ya en la primera de las cuatro nobles verdades que la tradición atribuye al Buda. Estas cuatro afirmaciones se encuentran registradas en casi todos los cánones y son consideradas por la mayoría de las tradiciones budistas como los pilares de la doctrina. Las cuatro nobles verdades (āryasatya) fueron predicadas por Śākyamuni en su primer sermón, cerca de Benarés, hacia el siglo VI antes de nuestra era. La primera afirma la verdad de la existencia del dolor (duḥkha) en toda forma de existencia; la segunda identifica la causa (samudaya) del mismo, que es la sed; la tercera afirma la posibilidad de la extinción (nirodha) de esa sed (tṛṣṇā) y, por lo tanto, del dolor, y la cuarta propone un sendero (mārga) que conducirá a la extinción del sufrimiento.

En definitiva: síntoma, mal inherente, posibilidad de curación y prescripción del remedio. De ahí que la misma tradición considere al Buda el más experto de los doctores y la doctrina como una terapia prescrita por el más sabio de los médicos.

Los textos escolásticos distinguen tres clases de sufrimiento: el sufrimiento literal duḥkhaduḥkhatā, el de una herida o el de la pérdida de un ser querido; el sufrimiento ante el cambio, pariṇāmaduḥkhatā, un sufrimiento psicológico que padecemos conforme cambia el objeto del deseo o se transforma nuestro desear, o bien, antes de que las cosas ocurran, cuando imaginamos su decadencia, y, por último, el sufrimiento inherente, saṃskāraduḥkhatā, una forma sutil del dolor que sólo los sabios son capaces de reconocer. Es la imposibilidad misma de poder satisfacer el deseo. Es esa clase de sufrimiento que, como el deseo, cunado no tiene objeto, sale en su búsqueda y, si es necesario, lo crea.

Además del dolor (duḥkha), hay para el budismo otras dos marcas fundamentales de todo lo existente: la impermanencia (anitya) y la falta de esencia (especialmente la ausencia de una naturaleza propia, estable o permanente de eso que imaginamos que es el yo, o sea, en sentido estricto, la ausencia de yo: anātman). Para el budismo, éstas son las tres características (trilakṣana) de todo lo existente (que es condicionado y compuesto).

Los seres humanos, como todas las cosas compuestas (saṃskṛta), tienen una tendencia natural al sufrimiento, pues todo lo compuesto es impermanente (anitya) y algún día se descompondrá; y ese hecho, en los demás o en nosotros mismos, servirá de alimento al sufrimiento. La liberación es el único medio de escapar a ese inevitable destino, y la práctica del sendero (mārga), el modo de lograrlo.

Cosmología

La cosmología budista no se limita a cartografiar los destinos cosmográficos de la existencia, los principios del karma y el proceso causal del renacer. Se puede hablar además de cuatro principios básicos desarrollados por la escolástica (abhidharma) y las colecciones (nikāya y āgama) de diálogos con el Buda.

En primer lugar el universo no tiene un creador, ha existido siempre, y la causa suficiente de su existencia se encuentra en la doctrina del *origen condicionado* (pratītyasamutpāda).

Además, el universo para la tradición budista no tiene límite espacial ni temporal. No hay una frontera ni un inicio o final del cosmos. El tiempo nunca comenzó y tampoco concluirá.

En tercer lugar la existencia en el universo toma cuerpo en diferentes niveles (gati), que se ordenan jerárquicamente en función de las acciones y el comportamiento de quienes habitan esos mundos. Son, pues, mundos creados por la acción de lo vivo. He aquí una diferencia importante con la cosmología moderna. Son la vida y las acciones de los seres las que estructuran el cosmos, no los campos de gravedad, los átomos o las partículas. La naturaleza del universo es ética en lugar de física.

Y por último, los seres renacen continuamente en los diferentes niveles de existencia, y su destino depende del karma acumulado en el pasado. La forma de escapar a la interminable ronda del renacimiento es el logro del nirvana.

Un elemento importante en la cosmología de algunas escuelas es la convicción de que el cosmos tiene una naturaleza psicológica, siendo su principal motor las intenciones y acciones de los seres, el karma. Los modos de articulación de las diferentes esferas de existencia reflejan diferentes estados de la mente. En definitiva, el mundo en que vivimos es una creación nuestra, ha sido creado por nuestras acciones, pensamientos y palabras, que a su vez han sido condicionados por lo que ha rodeado nuestra vida, las circunstancias familiares, históricas y sociopolíticas; así como por nuestra respuesta a esas condiciones, nuestro amor u odio, nuestra codicia o generosidad, aunque, paradójicamente, no sea posible hablar de algo "nuestro". La responsabilidad no se traduce, como en otros credos, en culpa, sino en universos, en mundos serenos o inhóspitos. La calidad del mundo en el que vivimos mejora con el buen discernimiento y la virtud, y se corrompe con la codicia y el odio. Si un individuo vive como un animal, renacerá animal; si vive la codicia del propietario, renacerá como un perro hambriento; si vive las virtudes de un dios, renacerá dios.

De vuelta al lector

¿Dónde se encuentra entonces la criatura que fue nuestro punto de partida? ¿Dónde se encuentran el lector y el autor de este libro según el cosmos que acabamos de describir? Todos ellos han nacido en el ámbito humano. Y aunque en el plano mundano donde existe el libro el lector podría ser cualquier ser mitológico (un espíritu del bosque, una serpiente telúrica o un hada celeste), seguiremos suponiendo que tanto el que lee como el que escribe este libro son seres humanos.

El budismo tuvo y tiene una clara vocación antropocéntrica. La vida humana es una oportunidad única y excepcional, porque renaciendo humanos cabe la posibilidad de llegar a escuchar algún día las enseñanzas de un buda, y, con suerte y esfuerzo, tal vez lograr ponerlas en práctica.

Continuando con la historia que se inició al comienzo del capítulo, esta criatura, el lector, contempla ahora todas las posibilidades de renacer (literal o metafóricamente) y los peligros que acarrea la existencia. Quizá encuentre en esta narración un motivo para convertir su curiosidad en una exploración de nuevos mundos. Arrastrado por la corriente salvaje del saṃsāra, el ser consciente se encuentra ante la disyuntiva de un interminable renacer, y quizá logre apreciar el valor y la rareza excepcional de la condición humana.

Quizá se pregunte por las causas del renacer e investigue los diferentes caminos que conducen a la liberación.

En los capítulos que siguen describiremos las diferentes estrategias budistas para escapar de la rueda de la existencia. Este libro es un mapa que traza la cartografía del sendero que, según las diferentes tradiciones, puede llevarnos más allá de los ámbitos mundanos o convertirnos en un bohisattva compasivo que elige permanecer en los mundos del renacer para ayudar a los demás. En este mapa el lector encontrará lo que los budistas dijeron sobre los mecanismos que mueven la rueda de la existencia y los que la detienen. Queda mucho camino por recorrer.

II. DESEO

«Deseo, conozco tu raíz, tú surges de la representación conceptual.»

La gran gesta (Mahāvastu)

Intencionalidad

La condición humana es fruto del deseo y, al mismo tiempo, es la condición necesaria de todo querer. Querer ser, querer hacer, querer lograr son asuntos fundamentalmente humanos. Aunque la literatura budista habla del karma en otros destinos del renacer (animales, fantasmas, dioses o seres infernales), el destino humano se considera el paradigma de la intención y la acción responsable, y ocupa un lugar privilegiado en el ámbito de la existencia. La persona es la oportunidad excepcional de aspirar a la liberación o al despertar. Los dioses viven demasiado felices en sus paraísos como para querer abandonarlos, los seres infernales se encuentran cegados por el dolor, los animales por la estulticia, los fantasmas por el hambre. De todos los destinos, el ser humano es el que dispone de las mejores condiciones para, mediante el discernimiento y la cultura mental y ética, acceder al despertar. Paradójicamente, la persona desea la libertad porque antes deseó aquello que la aprisionaba en la inercia de las existencias. Esa condena fue causada por sus propios deseos y acciones, y sólo podrá escapar de ella mediante una transformación de los mismos.

El universo, tal y como lo imaginó la India, no era movido por planetas o galaxias, ni por leyes abstractas como el espacio-tiempo de la relatividad o las funciones de onda de la física cuántica, sino por esa otra gravedad que llamamos deseo. Aunque algunas de las escuelas filosóficas de la India postularon el átomo como realidad material del universo, desde la perspectiva budista no se entendía el orden cósmico como un proceso regido únicamente por la causalidad física. La cosmología no fue concebida como una ciencia empírica o matemática, sino como parte de una narrativa sobre la vida de los seres conscientes. Todas las ciencias eran ciencias humanas y la configuración del universo (lo que hoy llamamos "astrofísica") no era sino el efecto del obrar de las criaturas que lo habitaban.

El budismo tampoco abrigó la idea del mundo como un valle lamentable donde las criaturas esperaran el reencuentro con un creador que acabaría haciéndoles justicia. El universo se consideraba un lugar justo, todo acto generaba sus consecuencias y la suma de las acciones de los seres era lo que configuraba la estructura y funcionamiento del cosmos. De modo que el universo presentaba una realidad más moral que física, sus elementos constitutivos no eran por tanto cosas sino las acciones de los seres que lo habitaban y los efectos que éstas pudieran producir.

Según esta concepción del mundo, rabiosamente antimaterialista, la suma de los actos realizados por todos los seres vivos hasta el presente configura tanto el cosmos como al ser humano, siendo la textura del universo una textura de orden moral, o ético si se prefiere.

Y debido a que detrás de cada una de esas acciones hay un deseo o una intención, el universo podía verse como la consecuencia de la actividad del deseo y las intenciones de los seres conscientes. Así, los elementos constitutivos del cosmos no son las leyes físicas que rigen galaxias o átomos, sino la generosidad de un héroe, la codicia de un rey, la mezquindad de un demonio, la música que interpreta un pastor o la meditación de un yogui.

Éstas eran consideradas las verdaderas causas *materiales* del cosmos. La materia formaba parte de ese mundo de actos. En su posición más extrema, el budismo mahāyāna llegará a afirmar que el mundo material no es sino la ilusión ostentosa de un castillo de naipes creado por el deseo y las acciones que nacen del mismo. Y ese mundo generado por el deseo, así como el deseo mismo, no resiste un análisis crítico. Es una verdad provisional; su realidad es sólo convencional y resultado del mismo deseo.

Las diferentes escuelas no se pusieron del todo de acuerdo respecto a la naturaleza de la materia y la mente; pero sí estuvieron de acuerdo en lo que constituye el principio motor del renacer y la causa próxima o distante de toda forma de vida: el karma. Este término puede significar en general: cualquier actividad mental, verbal o corporal de un ser vivo; la consecuencia o efecto de dicha actividad; la suma de todas esas consecuencias en una vida futura, en la vida presente o en una vida pasada, y el encadenamiento de causas y efectos que mantiene el vínculo entre el acto y sus consecuencias. Por tanto, el karma es el obrar mismo, sus consecuencias, la integración de todas sus consecuencias y la causalidad moral.

El karma puede concebirse como una memoria infalible

de las acciones de los seres que rige también la mente, pues tanto las intenciones como los propósitos o los deseos dejan su sello kármico. Pero para la mayoría de los seres, cegados por el deseo y arrastrados por la inercia de las acciones del pasado, la huella de estas acciones permanece inconsciente. Se trata de una ceguera que es a la vez efecto y causa de una ignorancia innata. Aunque el karma es ante todo la acción ciega y lo que ata al ser vivo al saṃsāra, es también el motor mismo de la existencia, el aliento del saṃsāra. «Las criaturas nacen del vientre de sus propias acciones», dice *La gran explicación del karma* (Mahā-karma-vibhanga).

Las acciones de los seres constituyen su realidad individual, pero además, como se ha dicho, juegan un papel fundamental en la configuración, evolución y disolución del cosmos. Se podría decir que lo que hacemos "pesa", y pesa sobre el cosmos, y esos campos de gravedad configuran los campos de fuerza del mundo en que vivimos.

Pero el karma es a su vez la respuesta que la imaginación de la India dio al problema del sufrimiento, la desigualdad y la injusticia social. ¿Por qué unos seres nacen bien dotados y otros no? ¿Por qué unos sufren y otros llevan una vida apacible y serena? ¿Por qué unos son ricos y afortunados y otros pobres y desgraciados? El horror del mundo y sus bondades se consideran efecto de acciones pasadas, olvidadas u oscurecidas por el deseo y la ignorancia.

El karma es un elemento esencial no sólo de las teorías morales de la India sino también de las creencias populares. Si una persona nace tullida, deforme o enferma, la doctrina dará cuenta de su estado atribuyéndolo al karma negativo acumulado en existencias previas. El enfermo, aun sin ser consciente de ello, es responsable de su enfermedad, al igual que el tullido de sus muñones. Esta idea, que llenó de horror la imaginación occidental, abre numerosos interrogantes. Algunas de esas preguntas, y sus respuestas, no siempre satisfactorias, las veremos a continuación.

Según la ley del karma cada individuo ha moldeado y en cierto sentido creado no sólo el lugar y las condiciones de su nacimiento, sino también las limitaciones de su propio carácter. Se trata de una doctrina esencialmente conservadora, pues según ella los pobres son pobres porque en otra vida fueron avaros y codiciosos, de modo que la urgencia de las transformaciones sociales pasa a un segundo plano. El temperamento es el resultado de pensamientos y actos pasados, es la formación o construcción (saṃskāra) de esos actos, pero es posible abortar esas tendencias procedentes del pasado mediante la práctica del camino budista, y amortiguar así los rigores de la determinación kármica.

El filósofo y escolástico Vasubandhu desarrolló el concepto canónico de la semilla del acto. Lo que usualmente se llama persona no es sino una serie de eventos y fenómenos concatenados por el principio de causa y efecto; el acto, al estar condicionado por un movimiento de la voluntad (cetana), siembra la semilla de sus consecuencias, dejando una traza o vestigio (vāsana) en la cadena (santāna) que es la persona. Esta traza orientará el destino del renacer y la naturaleza de las acciones futuras de esa persona-cadena. La semilla del acto determina tendencias y consecuencias, es decir, también es causa de la retribución moral. Si el lapso de tiempo para la maduración de tal fruto es mayor que el de una vida, la retribución se producirá en un renacimiento posterior, llamándose entonces "karma de maduración futura" (vipākakarma).

En general los budistas aspiran a producir y acumular buen karma, ya sea para conseguir un mejor renacimiento o para avanzar en el camino hacia el nirvana. Algunos estudiosos han rechazado la acusación de determinismo argumentando que el karma sólo determina el tipo de nacimiento, no el proceder de la persona: desde esta perspectiva, el karma sólo produciría el entorno donde se renace y no el desarrollo y maduración de la persona en dicho entorno. Cada cual tiene la libertad y la responsabilidad de rehacer su karma, es decir, de obrar de manera que se neutralicen los efectos nocivos de las malas acciones del pasado y se encaucen las vidas futuras hacia el sendero.

No obstante, tanto en la literatura escolástica como en la mitología popular encontramos generalmente un karma más determinista. A menudo se cree que las desgracias y enfermedades son el resultado de actos del pasado. Y la tradición coincide en imaginar los atributos físicos, las facultades y los talentos como un efecto predeterminado por las obras realizadas en vidas pasadas. De este modo la belleza, la inteligencia, e incluso la virtud, se mueven en un plano de predeterminación similar al que ocupan la riqueza, la familia y la etnia.

Existe cierto consenso en la tradición sobre la importancia del instante de la muerte en la determinación del destino y las circunstancias de la nueva vida. El estado de la mente en el momento de la muerte se considera decisivo para el nuevo renacimiento, dado que en ese instante la mente sintetiza las disposiciones mentales del agonizante. Ese momento es la causa principal del primer pensamiento en la siguiente etapa del proceso. Si uno ha pasado su vida odiando o envidiando, será difícil que en el momento de su muerte no afloren sentimientos de rencor o resentimiento. De ahí que se recomiende un cultivo constante de la atención y otras virtudes como la paciencia y la generosidad, pues llegado el instante de la muerte todo ese caudal será imprescindible. Pero, igualmente, se cree que un esfuerzo especial por orientar o encauzar la mente en una dirección positiva tendrá un efecto considerable si se lleva a cabo en el último instante de la vida. Este instante determina el próximo, que es, o bien un nuevo renacer, o bien, lo que es más común desde la perspectiva de la escolástica, el primer momento de consciencia en la etapa intermedia que sirve de puente entre una vida y otra.

Por ende, se prescriben ciertos actos rituales en el momento de la muerte, como la recitación de las escrituras o la "dedicación del mérito", destinados a asegurar un renacimiento favorable, pues para la mayoría de los budistas la principal preocupación no es tanto la obtención del nirvana y la liberación del saṃsāra como el asegurarse una posición mejor en el entramado de la existencia, logrando un renacimiento más favorable. El nirvana se considera en general demasiado difícil, puesto que para lograrlo se requieren incontables reencarnaciones en destinos humanos, donde las condiciones son más favorables para la práctica del sendero. Buena parte de la práctica se encamina, pues, al buen renacer, y el momento de la muerte es el más crítico de toda la transición.

En el budismo tibetano, por ejemplo, se cree que la atención y la serenidad del moribundo en el instante de la muerte juegan un papel decisivo. Un experto ritualista guía la consciencia del difunto a medida que éste ingresa y atraviesa el estado intermedio ("bar do", en tibetano) entre esta vida y la próxima. Los propósitos del ritual incluyen proteger al difunto de los peligros y las fuerzas demoníacas del estado intermedio y asegurar que la consciencia sea receptiva a la luz clara de la sabiduría de los budas. Los manuales litúrgicos suelen registrar estos rituales fúnebres. El más célebre de todos, *El libro de los muertos tibetano* (Bardo-thodol), ha gozado de gran difusión a raíz de su traducción a lenguas occidentales modernas.

Por último, en las tradiciones que enfatizan el renacer en una *Tierra pura*, el ritual mortuorio tiene como fin provocar la visión de uno de esos lugares paradisíacos y las deidades que en ellos habitan. En el Asia oriental, por ejemplo, se suele invocar al buda Amitābha mientras se recita la descripción de su paraíso.

Liberación del karma

La creencia en el karma, según la cual los actos reciben una retribución, ya sea inmediata, en el futuro, o en una existencia futura, es compartida por las tres principales religiones de origen indio: budismo, hinduismo y jainismo. En sus orígenes, el budismo fue un movimiento de religiosos mendicantes (śramaṇa) que compartía con otras corrientes de ascetas la creencia en la retribución de los actos como consecuencia del mecanismo mismo de los propios actos (es decir, sin que hiciera falta la intervención de un dios que los juzgara). Esta creencia motivó algunas de las aspiraciones de poner fin al ciclo del renacimiento. Pero los detalles sobre cómo actúa el karma y sobre cómo se puede manipular y superar varían de una religión a otra.

En general estas tradiciones analizan cuidadosamente las consecuencias de la causalidad y distinguen claramente la causalidad en sí misma del determinismo fatalista. Todas ellas comparten una visión sobria y realista acerca de la dificultad de perfeccionamiento del ser humano. La literatura popular, tanto en Asia y como en Occidente, tiende a simplificar la doctrina del karma convirtiéndola en un determinismo absoluto: todo acto conlleva retribución, o, en su forma más extrema, toda condición humana es fruto de un acto anterior. Por otro lado, la literatura no especializada, generalmente occidental, suele desfigurar la idea budista al considerar el karma como una evolución lineal.[6]

Una rama de la tradición imaginó una clase de seres fatalmente condenados por su mal karma, los icchantika, que a causa de su torpeza y desvergüenza nunca podrán alcanzar el nirvana. Como veremos, este fatalismo es contemporáneo a los primeros intentos de concebir un modo budista de entender el karma. Mucho más común es la idea de que algunos seres no podrán disfrutar de las enseñanzas en esta vida y tendrán que esperar muchas vidas antes de poder iniciarse en el sendero.

No obstante, la escolástica budista, en sus momentos de mayor claridad, cuando trataba de convertir el karma en una

6. El diccionario de la Real Academia Española, por ejemplo, define el karma como «la energía derivada de los actos que condiciona cada una de las sucesivas reencarnaciones, hasta que se alcanza la perfección». La definición, llena de optimismo, parece sugerir que la perfección es siempre posible, que la liberación espera a todos los seres. Aunque ese espíritu positivo no es ajeno a muchas de las corrientes del budismo, lo más común es considerar que la meta última de la liberación no puede alcanzarse sino después de un número incontable de difíciles renacimientos.

teoría filosófica, reconocía, al igual que los textos canónicos más antiguos, que no todo acto cobra retribución ni toda circunstancia humana es resultado de las vidas pasadas. En general se establece un frágil equilibrio, aunque explícito, entre la causalidad como explicación de lo inevitable y la causalidad como explicación de la acción libre. Algunos actos tienen consecuencias buenas y otros tienen consecuencias malas, por tanto conllevan retribución moral. Pero algunos actos, los neutrales y los que lleva a cabo la persona libre ya del condicionamiento, no tienen retribución alguna. Es decir, hay circunstancias que no obedecen a un origen kármico. Los escolásticos difieren en este aspecto, pero todos están de acuerdo en apuntar que el estado más importante, el de la paz del nirvana, es el ejemplo paradigmático de un estado que carece de raíz kármica.

Este último punto vincula la teoría del karma con la teoría de la liberación y nos recuerda por qué el budismo trata de evitar el peligro del determinismo. En definitiva, el karma sólo puede ser una parte y no el todo de la teoría del bien, el acto bueno y la liberación.

Los textos más antiguos muestran que fuera del budismo predominaban dos métodos diferentes para lograr la liberación. Uno de ellos consistía en lograr estados estáticos del cuerpo y de la mente, en los cuales ninguna acción tendría lugar y no se producirá ningún karma. Estas formas de ascetismo encontraron seguidores entre los jainas y los ājivikas, y en diversas corrientes de yoga dentro del hinduismo. El otro método, que aparece, por ejemplo, en las Upaniṣad, consistía en desarrollar una intuición trascendental que liberaba en vida al renunciante, consumiendo todo su karma pasado y erradicando toda producción futura. Estas dos ideas están presentes en buena parte de la literatura posterior del hinduismo.

El budismo se define a sí mismo frente a esos métodos, que adopta y modifica para incorporarlos a una noción diferente de karma. Para los budistas la causa primera del karma no era la acción misma, sino la intención, y sobre todo el deseo que constituye la intención. De modo que no eran las acciones las que producían la retribución, sino el deseo y la sed (*tṛṣṇā*). En cuanto al método de liberación, ni la inmovilidad física o mental ni la mera intuición trascendental tendrían efecto alguno en los mecanismos del deseo. Había que encontrar un método diferente, y los textos narran cómo el Buda dio con ese método y quedó libre de la sed, del apego que nace de la sed y de los actos nocivos que provocan ese apego.

En general, las tradiciones contemporáneas al budismo consideraban el ascetismo como un medio para agotar o erradicar toda traza, toda mancha, todo peso del karma. Aunque esta actitud reaparece una y otra vez a lo largo de la historia del budismo y se dice además que el propio Śākyamuni estuvo comprometido con las prácticas ascéticas extremas, también es cierto que los textos más antiguos rechazan esta concepción. Śākyamuni descubre una vía media que le permite discernir que el valor de su vida en el bosque no radica en la mortificación, sino en el desapego y la serenidad que sirven de fundamento a su pensamiento. Desde la atalaya de esa paz interior la visión de las cosas se transforma, y entonces es posible alcanzar una intuición de las cosas muy distinta a la que proponían las otras escuelas. Desde ese punto de vista privilegiado se aprehenden las verdades nobles y se descubre otra vía media: la vía media entre creer en una realidad sustancial inmutable y creer que todo perece y se diluye sin dejar rastro ni efecto.

La manera budista de entender el karma estuvo estrechamente conectada con su forma de entender el camino hacia la liberación, al menos en las formulaciones teóricas de los letrados. Por un lado se rechazaba la idea de una traza kármica inmutable que manchara un yo sustancial, con lo que se dejaban atrás las prácticas ascéticas rigurosas. Por otro, se consideraba que librarse del karma no consistía tanto en borrar el efecto de obras pasadas como en comprender la naturaleza del deseo, la sed y el apego que lo producían. La liberación no puede alcanzarse tan sólo por medio de las obras, debe nacer de un acto sublime del conocimiento, el despertar. Y despertar es superar la ignorancia ciega, el estupor del sueño del deseo. La inteligencia del despertar se logra sobre la base de una vida virtuosa, pero no se deriva directamente de ninguna obra.

Sin embargo, los budistas todavía necesitaban una teoría del karma que explicara la causalidad moral implícita en la idea misma de un progreso hacia la liberación. Para entenderla debemos remontarnos a los orígenes de la especulación india en torno a la cuestión. El canon pāli registra al menos cinco doctrinas posibles sobre el destino del hombre en este mundo:

La doctrina según la cual todo es azar, las cosas nacen sin una causa específica (adhiccasamuppannavāda). Sus seguidores pensaban que la causalidad no existe. Según esta creencia, la buena o mala fortuna de la persona no tiene relación directa ni indirecta con causas y condiciones. Todos los destinos, felices o desgraciados, se producen de forma accidental.

La doctrina de la causalidad mediante la combinación de elementos físicos (saṅgatibhāvahetuvāda), que sostenía que la buena o mala combinación de los elementos tierra, fuego, agua y aire en el cuerpo humano decidía la fortuna del individuo en su vida.

La doctrina de la causa a través del linaje (abhijātihetuvāda), que afirma que la fortuna de la persona está determinada por su herencia, es decir, la casta en la que nace.

La doctrina de la intervención divina (issaranimmānahetuvāda), según la cual el destino del hombre está en manos de las decisiones de los dioses o de las decisiones de un dios que rige el universo y los destinos de las criaturas.

La doctrina determinista (pubbekatahetuvāda), para la que la vida desgraciada o feliz de la persona está completamente determinada por lo que hizo en vidas pasadas (pubbekata). Este fatalismo obliga al ser humano a resignarse a las circunstancias del presente. Es el determinismo extremo que los budistas atribuyeron a los jainistas.

Según las fuentes del canon pāli éstas eran las cinco doctrinas sobre el destino humano que circulaban en la época de Gautama Buda. Los budistas desarrollaron su propia noción del karma frente a todos estos credos ajenos, que se presentaban en los textos para su refutación, descritos de manera excesivamente esquemática, polémica y un tanto superficial, con el propósito de persuadir al lector de su ingenuidad y escasa plausibilidad.

Las dos primeras creencias eran sostenidas por los materialistas (más tarde conocidos como carvākas o lokāyatas). La segunda postula la tiranía de la materia; la primera una tiranía aún más tenaz, la del azar. Escapar a la materia parece posible si uno es capaz de manipularla, pero ¿cómo escapar del azar?

La tercera muestra un carácter discriminatorio, casi racista: el linaje es la causa de la felicidad o la desgracia. Y las dos últimas, por su parte, que apoyan la intervención divina o el destino fatal como consecuencia de los actos del pasado, no dejan espacio al libre albedrío y por tanto no hacen posible avanzar en el camino hacia la liberación.

Ante estas cinco opciones los budistas sostuvieron la existencia de causas específicas tanto con respecto a la condición humana como en cuanto al logro de la liberación, postulando la existencia de factores no materiales (la mente, la consciencia, la voluntad) y afirmando la independencia de la liberación de factores como la clase social o la intervención de los dioses. Por último, negaron la predeterminación total o exclusiva de las circunstancias presentes por las acciones de vidas pasadas.

Para los primeros pensadores budistas, las relaciones entre el libre albedrío y el destino tuvieron una gran importancia filosófica y religiosa. Los textos más antiguos recalcaban el hecho de que no tenía sentido seguir el sendero hacia la liberación si no se aceptaba una teoría de la eficacia moral (karmavāda), es decir, de la conducta (kriyavāda) y el esfuerzo (viryavāda). Pero también fue necesario abogar por la libertad de las intenciones humanas y la posibilidad de alterar el curso de la cadena causal de los actos. La liberación sin duda era posible con diligencia y esfuerzo. Para escapar del determinismo se subrayaron ideas como la del fruto (phala) de la acción y la intención, y la retribución de los actos con el tiempo, algo similar al madurar (vipāka) de un fruto antes de ser recogido.

Así, según la literatura escolástica del abhidharma (si tomamos como modelo, de nuevo, el pensamiento de Vasubandhu), el karma depende de tres factores: en primer lugar de la voluntad (cetanā) de la persona que se dispone a actuar, sus intenciones y propósitos; luego de la conducta real (samudācāra), es decir, lo que ha ocurrido y se puede observar (vijñaptikarman: la acción constatada), que incluye actos (buenos y malos) ejecutados con el cuerpo, la palabra o el pensamiento. Y por último de las trazas que estas acciones dejan en la mente, a las que se denomina con el nombre técnico de "impresiones residuales" (vāsanā) y "disposiciones" o "hábitos" (saṃskāra). Esta concepción triple es la base de la teoría del karma en los tratados escolásticos a partir del siglo cuarto aproximadamente. Sin embargo no se acepta de manera general, y la escuela theravāda, por ejemplo, la rechaza.

Los hábitos y tendencias son efecto a su vez de acciones del pasado (de cuerpo, palabra o pensamiento) que dejaron ciertas impresiones residuales. En este último sentido el karma es llamado lo "inexpresado" (avijñapti).[7] Ese algo "inexpresado" funciona como un mensaje cifrado que sólo se puede leer de forma retrospectiva. El presente es resultado de un karma anterior, pero dado que el ser humano corriente no tiene forma de saber cuándo va a madurar el karma y dar su fruto, el karma nos crea la ilusión de conocer el pasado al tiempo que guarda silencio respecto al futuro.[8] Es la acumulación de este tercer elemento, las trazas que las ac-

7. Literalmente, "la no manifestación del (efecto del) acto". Curiosamente, este tipo de traza se entiende a menudo como un factor material, como si la consecuencia moral de un acto dejara una traza invisible pero física. Así, por ejemplo, tomar los votos monásticos cambia físicamente a la persona, aunque ese cambio no se pueda percibir o constatar.
8. Según la tradición, los budas son omniscientes y conocen los pormenores de la causalidad kármica, pudiendo predecir las circunstancias futuras.

ciones dejan en la serie (santāna) de fenómenos concatenados que llamamos persona (pudgala), lo que configura el carácter (concebido, desde luego, como carácter moral); y son estas impresiones (vāsanā) las que producirán buenos o malos hábitos, entendiéndose éstos últimos como estados de turbación (kleśa)[9] o como substrato causal (anuśaya) de los actos nocivos.

Los estados de turbación (kleśa), para los que los escolásticos proponen varias listas, son la raíz de todo obrar nocivo (de cuerpo, palabra y pensamiento). En su análisis de las facultades mentales, el *Tesoro de la doctrina* (Abhidharma-kośa) enumera seis estados primarios (obcecación, desgana frívola, pereza, incredulidad, letargo y agitación) y diez ocasionales (por ejemplo el orgullo, la envidia y la ira). Pueden llegar hasta ciento ocho, cuando se cuentan sus diversas manifestaciones. Sin embargo, la gran variedad de turbaciones se reduce a tres fundamentales (akuśalamūla), que ya vimos en el capítulo anterior, lobha (apetencia, avidez, codicia y deseo sensual), dveṣa (aborrecimiento, animadversión, odio y resentimiento) y moha (obcecación estulticia, necedad o ceguera, pero también letargo). Los buenos actos (kuśala) tienen su fundamento en la ausencia de esos estados de turbación, y en sus contrarios: la generosidad, la benevolencia y la consciencia atenta.

9. El concepto de *kleśa* es ambiguo y polivalente. Las discusiones contemporáneas, y la que sigue en los párrafos siguientes, se derivan de un estado bastante avanzado de la teoría, especialmente en sus manifestaciones en Asia oriental. El término *kleśa* intenta recoger en una sola palabra un debate extenso e inconsistente que incluye explicaciones escolásticas de las listas canónicas de los factores que turban e impiden el progreso espiritual y listas de metáforas como ataduras, yugos, influjos o efluvios, riadas, etc.

Además, las creencias falsas (mithyādṛṣṭi), uno de los elementos constitutivos de la obcecación, pueden por sí solas cortar de raíz un acto bien intencionado. Pensar mal es de alguna manera obrar mal. Las creencias nocivas son aquellas que niegan la diferencia entre el bien y el mal, o rechazan que exista un fruto de las acciones y sea posible la liberación.

La retribución futura de la acción recibe en sánscrito el nombre de *vipāka*. Esta retribución siempre se cobra, pero existen diferentes formas de amortizar su pago. Algunos textos enumeran cinco tipos de actos cuya retribución es ineludible e inmediata. Ningún otro acto puede contrarrestar los efectos de estos cinco actos: matricidio, parricidio, asesinato de un arhant, provocar un cisma en la comunidad budista y hacer daño intencionadamente a un buda. Estos cinco actos son llamados *ānantarya* (de retribución inmediata) y llevan directamente al peor de los infiernos, el avīci.

Pero hay también actos cuya retribución puede ser detenida. La adquisición de un estado mental de paciencia y serenidad (kṣānti) puede evitar el renacimiento en un destino nefasto (durgati), del mismo modo que es posible esquivar a los acreedores emigrando a otro país. También puede eludirse la retribución logrando uno de los estados espirituales más elevados, el de anāgamin ("el que no retorna"), o mediante la adquisición del estado de arhant, donde todo el karma anterior es quemado y destruido.

En la literatura contemporánea a menudo se habla de un karma que podríamos llamar "comunitario". Se trata del karma acumulado por una comunidad en un momento histórico determinado. En la India antigua no existían los conceptos modernos de historia y nación, de ahí que el karma generalmente se entendiera como algo individual, pero encontramos algunos textos que hablan de un karma colectivo que afecta a comunidades enteras. Aunque la idea podría aplicarse entonces a una familia, o un linaje, los escolásticos tienden a limitar el concepto a la idea de que los mundos tienen un curso o destino kármico, siendo en este caso el karma la integral, en el sentido matemático, de todos los karmas individuales de los que los habitan. Es el llamado *sādhāraṇa karma*.

El karma tiene, por tanto, una dimensión individual, otra social y otra cósmica. Según la cosmología budista, al final de cada período cósmico, debido a la acumulación de karma negativo, declinan las condiciones de vida. Ese karma negativo gobierna la transición entre la extinción y la creación de un nuevo mundo. Y lo sorprendente para la mentalidad occidental es que son las acciones y actitudes de los seres las que gobiernan estos procesos cósmicos.

Turbaciones

Pero las doctrinas de la retribución y la semilla no lo explican todo. Después de todo la intencionalidad tiene un profundo origen afectivo. Es ahí donde entra en juego el concepto de las raíces del mal. Las turbaciones (kleśa) o conturbaciones (upakleśa) son lo que aflige o duele, y lo que turba, conturba y mancha. Se puede traducir *kleśa* como "turbación" o "aflicción", pero también como "mancha" o "mácula". La palabra cubre un amplio espectro de estados emocionales y cognitivos. Los kleśa pueden confundir la mente del individuo y provocar una percepción distorsionada de la realidad, así como causar sensaciones corporales, palabras y actos. De modo que promueven falsas ideas como la del yo o lo mío –además de actitudes y sentimientos nocivos como la codicia y el odio– y son la causa afectiva de los actos egoístas. Por consiguiente, las turbaciones operan llevando en sí el germen del padecimiento (duḥkha) futuro. Además, los actos nocivos, las ideas falsas y las percepciones distorsionadas dan vida a las turbaciones mediante un proceso de retroalimentación, de modo que la prisión de los actos es también una cárcel de afectos y conocimientos.

Si reducimos los kleśa a sus tres elementos constitutivos fundamentales, como hace frecuentemente la tradición, podremos apreciar la relación entre el cultivo de los estados mentales y afectivos y la liberación del yugo de la turbación. (1) La apetencia (lobha, deseo de poseer, o rāga, deseo de gozar –recordemos que su símbolo es el gallo–) es la concupiscencia, el deseo, la atracción y el impulso de posesión del objeto del deseo, y se neutraliza con la práctica de la generosidad (el don: dāna). (2) La animadversión (dveṣa, representada por una serpiente) es el aborrecimiento, el odio, la antipatía y el desprecio hacia todo lo que se opone a nuestra voluntad o satisfacción, y se supera mediante el cultivo de la bondad (maitrī: actitud de amistad hacia el prójimo). (3) La obcecación, que es estupor y confusión más que simple ignorancia (moha, simbolizada por el cerdo), es la ofuscación, la confusión; expresa la falta de correspondencia entre una acción o un pensamiento y la realidad, o la falta de rumbo de pensamientos, sentimientos y acciones. Es posible vencerla ejerciendo el discernimiento (prajñā) y la ecuanimidad (upekṣā).

La extinción tanto del karma como de los kleśa es, para algunos escolásticos, lo que conduce a la liberación. Se puede decir que para muchos budistas la meta de superar las turbaciones y mejorar su karma es la meta religiosa más relevante. Sin embargo, la tradición filosófica y escolástica tiende a subrayar otro aspecto de la lucha contra las turbaciones. Todo el universo de confusión y dolor generados por ellas se puede superar si se las arranca de raíz, y su raíz está en el error fundamental que nos hace ver que el yo y lo mío es real, sustancial y valioso. Esta ceguera se cura mediante el cultivo de las verdades nobles; el entendimiento cabal de que no existe un yo sustancial es el remedio para lograr la liberación del renacer. Esta idea de una visión liberadora llegó a generalizarse, especialmente en el mahayana, que niega que las cosas posean una realidad sustancial o naturaleza propia. Se trata en definitiva de la vacuidad, y el ejercicio de la vacuidad (śūnyatā) como modo de estar en el mundo es otra manera de hablar de la visión liberadora que nos lleva más allá de la causalidad kármica.

El mundo del deseo

El budismo se sitúa, a lo largo de su historia, en la línea que une estas dos explicaciones, el polo afectivo del deseo (y su contrario, el aborrecimiento) y el polo cognitivo de la ceguera y la ofuscación. Aunque se tiende a preferir el aspecto cognitivo –la liberación es, ante todo, el efecto inmediato del despertar, del ver las cosas tal y como son–, nunca se abandona del todo la explicación moral del sendero: la superación del mundo de las pasiones, el serenar la mente y el sentimiento para poder ver con la claridad del despertar. La visión del despertar depende de un estado libre de la tiranía del deseo (y su contraparte, la animadversión).

La palabra "deseo", como cualquier otra, es un término determinado y restringido por los juegos de lenguaje de cada cultura en particular, aunque su aparente universalidad disimule sus idiosincrasias locales y nos haga creer que el deseo es el mismo en todas las culturas, por ser algo "animal" o "básico". Tal y como aparece en el discurso occidental moderno, el término se utiliza a menudo como equivalente de conceptos budistas que denotan diferentes aspectos del apetito, como la pasión, la lujuria, el placer sensual o el anhelo.

En tradiciones religiosas con tendencia al ascetismo, las desilusiones del amor se consideran la prueba de que el apego produce inevitablemente dolor. Sin embargo, el lugar común según el cual el amor conlleva siempre dolor, se puede entender también como una referencia a la relación filosófica y psicológica que existe entre la satisfacción y la insatisfacción, la añoranza y la desilusión, el apego y la amargura del amor perdido.

Los intentos de comprender y dominar el apego para evitar la desilusión y el dolor que conlleva constituyen una dimensión importante tanto de los ideales filosóficos y ascéticos de Occidente (los estoicos y sus herederos cristianos) como de las diferentes ramas del pensamiento religioso de la India. Entre estas corrientes, el principio de la primacía del deseo ocupa un lugar central en las tradiciones budistas, donde se convierte en un credo canónico: el deseo es la raíz del renacer y el sufrimiento. En su versión extrema, la doctrina puede llegar a afirmar que la sed (tṛṣṇā) guía al mundo, la sed arrastra al mundo, y todo se encuentra bajo la égida de este factor singular. Ésta es la dimensión ascética y afectiva del sendero, pero a menudo se olvida la contraparte cognitiva, la idea de una ceguera primigenia (avidyā) que es también raíz del sufrimiento, y que en la cadena de las doce causas es la causa primera.

Sin embargo, según la segunda de las cuatro verdades nobles (āryasatya), la sed es la causa fundamental (samudaya) del sufrimiento (duḥkha). Esta sed toma tres formas: el deseo de placeres sensuales, el deseo de existir y el deseo de dejar de existir. Su antídoto es el óctuple sendero (aṣṭaṅgikamārga). Se podría decir entonces que el credo budista (las nobles verdades) es una reacción a la tiranía del deseo. Por tanto el deseo es la causa del sufrimiento, pero existe un antídoto para evitarlo, el óctuple sendero, que tratará de limitar, canalizar y negociar con el poder casi absoluto del deseo. Para ello el budismo propondrá toda una serie de prácticas de cultivo de la mente, una forma de ver el mundo, y unas técnicas de meditación destinadas a la "deconstrucción" del deseo.[10]

El budismo define la "carga" de los componentes de la personalidad (skandha) como un ansia, una irresistible «sed que conduce al renacer, que está atada al disfrute y la pasión, que ahora desea esto y después lo otro. Ésta es la sed

10. El deseo tiene además una vinculación especial con el presente. Sabemos lo que deseamos ahora, pero no podemos saber lo que desearemos en el futuro. De ahí se sigue que la investigación del mundo de los fenómenos, la investigación de lo observable, de lo que ocurre aquí y ahora, ya sea en el interior de la conciencia (meditación) o a nuestro alrededor (observación), deba partir de una investigación sobre el deseo. Este aspecto ha servido de base a los paralelos trazados entre las religiones de la India y algunas de las prácticas científicas modernas como la psicología, la medicina, la psiquiatría o la física cuántica.

del deseo sensual, la sed de existir, la sed de dejar de ser» (*Colección de diálogos afines*, Samyutta-nikāya, Bhārasutta). La yuxtaposición de fórmulas de este tipo sugiere que el concepto central no es el deseo en su sentido restringido, sino el deseo en el sentido más amplio de impulso que nos impele a querer lograr o poseer algo, incluso a querer seguir viviendo o a querer morir.

Aunque el deseo, como deseo sensual, ha sido un tema recurrente de la tradición, a menudo se presenta en oposición complementaria al odio (dveṣa) y la estupidez (moha). Así, se lo entiende según el énfasis en los diferentes aspectos de la turbación (kleśa). El deseo como concupiscencia se asocia con las tendencias ascéticas de la vida monástica. El énfasis en los efectos nocivos de la repulsión y el desagrado se vincula a la compasión del bodhisattva y la paciencia ante las vicisitudes del saṃsāra. Y el deseo como motor inconsciente de la existencia se relaciona con la idea de una visión interior que libera del ansia y el sufrimiento, y se logra mediante la práctica del discernimiento, basada en la serenidad que proporciona la meditación.

La célebre frase de *La gran gesta* (Mahāvastu): «Deseo, conozco tú raíz, tú surges de la representación conceptual», nos recuerda que para la tradición budista es imposible separar el deseo y la animadversión de la ignorancia ciega que mueve el mundo. El camino para derrotar el sufrimiento y el ansia pasa a través del reconocimiento de la vacuidad de las construcciones mentales que subyacen a los objetos del deseo. De modo que el trabajo del filósofo no consiste exclusivamente en la argumentación cuidadosa y el establecimiento de distinciones, sino que requiere un plus de autocrítica y el aligeramiento de todos esos procesos intelectuales, propósito que se logra mediante la realización de la vacuidad de todas las cosas y todas las ideas.

Este giro particular en la forma budista de entender el deseo es característico del mahāyāna y se expresa de forma radical por medio de afirmaciones paradójicas tales como la afirmación de que el despertar es lo mismo que las turbaciones (kleśa) y las turbaciones lo mismo que el despertar –*Enseñanzas de Vimalakīrti* (Vimalakīrti-nirdeśa). Dichas nociones conducirán, llevadas por su propia lógica, al modo en que la tradición tántrica repiensa el cuerpo y el deseo. Es en el tantra donde la antigua forma de ver al cuerpo y las pasiones desarrollará toda una serie de prácticas destinadas a convertir el cuerpo profano del hombre en el cuerpo sagrado de un buda, y transformar el deseo en despertar.

La paradoja del deseo

En el esquema escolástico clásico –quizá el más antiguo– la sed (deseo) y la ignorancia ciega compiten como causa fundamental del sufrimiento, pero la sed insaciable (tṛṣṇā) es la causa inmediata y más evidente de ese apego obstinado (upādāna) que confunde el conocimiento, el sentimiento y la conducta. La turbación (kleśa) es condición natural del deseo, y el obrar turbado produce sufrimiento.

Para entender estos conceptos en sus contextos clásicos es necesario tener en cuenta que las turbaciones no son meramente fenómenos mentales y que el obrar no es meramente un acto corporal. Mente y cuerpo se funden, y los estados de la mente son también actos que pueden tener sus consecuencias. Esta visión integrada refleja esa perspicacia psicológica que caracteriza al budismo, aunque trae consigo muchas de las tensiones que puede generar una concepción tan compleja. Algo de esto se atisba en la antigua doctrina de las diez sendas del buen obrar (kuśalakarmapatha), según la cual el cultivo de los estados mentales saludables es parte de la vida moral. En este antiguo decálogo, la superación de los estados mentales de confusión (parte de nuestra ceguera innata) aparece como la décima practica moral.

No se trata simplemente de una moral de los malos pensamientos, sino de una concepción de la liberación como proceso cognitivo. La sed (tṛṣṇā) es la causa inmediata y más evidente del apego (upādāna). Este apego turba y confunde el conocimiento, el sentimiento y la conducta. Sin embargo, la sed tiene sus raíces en una aprehensión equivocada del ser. Así, las turbaciones (kleśa) llegan a considerarse enraizadas en la percepción (sobre todo en la mirada), y ellas conducen al apego a la idea del yo y lo mío.

Hay pues una tensión constante entre el deseo y la creencia como causas del dolor. Sin embargo es evidente que, para el budismo, el karma es la causa inmediata, aunque no la primaria ni mucho menos la fundamental, del sufrimiento. La eliminación del karma y sus efectos como tal no supone la liberación, porque ésta requiere una paz interna (superación del primero de los tres venenos) y una visión clara (superación del tercero de ellos).

III. IDEAS

«el dharma es cierto
en virtud de ser inconcebible.»
Diálogo del diamante

Ideas y creencias

El término sánscrito más común para designar las ideas, opiniones, creencias o puntos de vista es *dṛṣṭi*. Esta voz puede significar: "manera de mirar", "manera de ver", "creencia". Sirve para designar la creencia en general, que no es necesariamente la creencia cierta. Cuando la creencia es verdadera, el término *dṛṣṭi* va acompañado de *samyag* (Vibhaṅga, Dharmasaṅgraha). La samyagdṛṣṭi es a la vez la visión correcta y la creencia cierta.

Las ideas, para la imaginación budista, guardan una estrecha relación con la percepción, con el modo de "mirar", de forma que esas ideas, que se activan en cada acto de la percepción, se transforman mediante la atención consciente. Observar las *tres marcas* (trilakṣaṇa) en cada fenómeno (insustancialidad, impermanencia y dolor; anātman, anitya, duḥkha), por ejemplo, es un caso de "manera de mirar" budista que, al mismo tiempo, es una "manera de pensar".

La distinción platónica entre lo sensible y lo inteligible,

piedra fundacional de la filosofía occidental, se encuentra en la India difuminada por el hecho de que, para gran parte de las tradiciones, la mente es considerada uno de los sentidos, el sexto, de manera que el modo de ver el mundo es al mismo tiempo una forma de análisis.

La función del recto mirar y el ver certero se denomina darśana. Es una visión comprehensiva no empañada por la codicia, el odio o la confusión, una mirada que ha eliminado las aberraciones provocadas por las turbaciónes (kleśa). La mirada inteligente es aquella que carece de codicia y aversión. En sentido estricto, la visión recta que conduce a la creencia cierta es función del discernimiento (prajñā), que nace a su vez de la mirada observadora de la vipaśyanā, aquella que sabe ver las tres marcas (trilakṣaṇa) de la existencia: la impermanencia (anitya), el sufrimiento (duḥkha) y la insustancialidad (anātman). Estas tres características se aplican a todo fenómeno, ya sea físico o mental, y reconocerlas en nuestra forma de aprehender el mundo debería conducir al sosiego de la mente (śamatha), requisito necesario para el logro del despertar (bodhi).

Dentro de la tradición budista hubo una escuela de pensamiento, la *escuela de la vía media* (madhyamaka), fundada por Nāgārjuna, que se preocupó especialmente de las relaciones que el individuo debe mantener con las ideas. Nāgārjuna, al igual que los escépticos indios (cārvāka), extendió la lista de las falsas opiniones a todos los puntos de vista en general. Para el mādhyamika toda opinión o punto de vista no es más que una mera conjetura que termina por convertirse en un obstáculo en el camino hacia el despertar. Pero de todas ellas, de todos esos falsos puntos de vista, hay uno que tiene una característica especial (sin dejar por ello de ser otra ilusión más del conocimiento). Se trata de aquel que ve las cosas del mundo como vacías. ¿Por qué tiene un estatus especial este punto de vista? Porque, desde la perspectiva del mādhyamika, es el único que se revela útil (upāya) para el logro del despertar.

Una de las principales preocupaciones del mādhyamika fue la de saber si aprehendemos las ideas o somos atrapados por ellas; si el conocimiento es algo que se adquiere o, por el contrario, es algo en lo que uno cae, quedando a merced de las ideas. ¿Qué relación debe tener el que busca la verdad con las ideas que le salen al paso? En un marco de prácticas destinadas a la renuncia de los bienes materiales, se plantea la cuestión de si se debe renunciar también a los bienes intelectuales. ¿Puede el monje poseer ideas y opiniones, tener "ideas propias", o debe por el contrario librarse de ellas y escapar de su influencia nociva?

Liberarse de ideas y opiniones es uno de los ideales, quizá el más ambicioso, que se perfilan en la obra de Nāgārjuna. Pero es importante entender esta empresa como una aspiración, un ideal sublime (por imposible), un afán utópico, no como algo ya dado que sirve de punto de partida a la filosofía de la vía media.

Hoy sabemos bien, gracias a la atención que la filosofía reciente ha prestado al lenguaje, que la lengua que aprendemos de niños y con la que empezamos a pensar lleva ya incorporada una gran cantidad de supuestos y juicios de valor. Todo lenguaje, ya sea el sánscrito, el tibetano o cualquier otro, privilegia ciertos referentes y censura otros. Los idiomas están cargados de ideas que se cuelan de modo subrepticio en la mente. De modo que las "cosas" con las que uno se encuentra pueden estar o no disponibles en un lenguaje dado. Ese lenguaje heredado bajo el cual la persona ha sido educada articulará toda una serie de supuestos que servirán de base al pensamiento. Las circunstancias culturales, históricas y políticas podrán desencadenar o no ciertas taxonomías o identificaciones, y de ellas dependerá nuestro pensamiento. Las ideas que uno tiene son el resultado de una herencia social, literaria, lingüística y política, incluso cuando se reacciona contra ellas.

Así pues, no se debería afirmar, como hacen apresuradamente algunos textos, que "el sabio no tiene ideas", sino más bien que "el sabio aspira a deshacerse de las ideas", a despojarse de ellas. ¿Y cómo lograrlo? Gracias a una cierta actitud hacia el lenguaje, las ideas y su manipulación. Ese método consiste, entre otras cosas, en el establecimiento de un tipo particular de relación con las ideas que rechaza cualquier intento de apropiación. Cuando una idea acude a la mente, uno puede aceptarla y apropiársela, pero también puede considerarla una suposición, algo que sólo se acepta provisionalmente. Una vez que la idea ya está en la mente, el mādhyamika intentará suponer lo contrario a dicha idea, sin dejar tampoco que este opuesto se apodere de su pensamiento, acogiéndolo simplemente como herramienta para deshacerse de la idea primera.

La suposición, una modalidad en la que la idea asume su provisionalidad, es lo opuesto a la Idea platónica, la Idea con mayúsculas, esa que vive fuera del tiempo en una eternidad inmutable. Para el mādhyamika, y ésta es la gran distancia frente a la tradición platónica, todas las ideas deben ser tratadas como suposiciones. En la suposición aceptamos ciertas premisas sólo con el fin de construir un argumento o tomar una decisión, pero ese compromiso eventual con los supuestos no es vinculante ni irrevocable. Si supongo que va a llover, cogeré un paraguas, pero eso no quiere decir que si no llueve tenga que usarlo. La ventaja de la suposición es que uno puede deshacerse de ella fácilmente, olvidarla. Conocer no es aquí, como en Platón, recordar, sino más bien olvidar.

Pero que toda idea sea un supuesto no implica en absoluto renunciar al pensamiento. Todo lo contrario. Podemos aceptar la idea temporalmente (como un supuesto) y jugar con ella, desarrollarla, buscar sus contradicciones internas, su procedencia, hacer su genealogía; ver hasta dónde nos lleva, observar cómo depende de otras, cómo se apoya o es fundamento de otros conceptos. Hacer de toda idea un supuesto es una práctica que el budista debe llevar a cabo constantemente como parte de su entrenamiento intelectual.

Estos intentos de no apoderarse de las ideas permitirán entonces que las ideas surjan y se desarrollen en la mente, que crezcan y se ramifiquen, que busquen sus contradicciones internas y sus fundamentos, pero en ningún caso hay que permitir que se establezcan en la mente y encuentren en ella su lugar propio, el lugar al que pertenecen. Podríamos decir que las ideas se comportan de un modo similar a como hacen los fenómenos atmosféricos, que vienen y se van, que nos atraviesan (nos mojan, nos asustan, destrozan nuestras cosechas o nos queman) sin que podamos hacer nada por detenerlos o influir en su curso, pues se rigen por un funcionamiento interno que nunca seremos capaces de ver completamente. No tiene sentido apropiarnos de las ideas, hacerlas nuestras, pues las ideas son por naturaleza inapropiables.

Aquel que se deja atrapar por las ideas cae en la ilusión más perjudicial de todas, la de tener "ideas propias". En esa trampa uno verá oscurecerse la luz de la paradoja, ésa que alumbra el pensamiento y de la que tanto gusta el proyecto intelectual del mādhyamika. Esa luz es precisamente la vacuidad, la condicionalidad de todas las cosas (incluidas las ideas), de la que hablará el siguiente capítulo. A través de ella es posible entrever el cariz fantástico de toda empresa filosófica, del juego de la filosofía que, como niños, debemos tomar muy en serio precisamente porque es un juego. Reconocer las ilusiones de la filosofía y, a pesar de ello, seguir filosofando, ésa es la tarea de la vacuidad, y una de las principales aportaciones de Nāgārjuna a la historia del pensamiento universal. Ahí radica su hechizo y su modernidad.

Falsas creencias

La tradición budista clasificó las falsas creencias de maneras muy diversas. Los textos, como a menudo ocurre, no guardan coherencia con respecto al concepto de lo falso.

Varias son las clasificaciones que registran las opiniones erróneas. Los modos equivocados de ver el mundo y la existencia pueden ser de tipo moral: no creer que la virtud sea buena o eficaz; de tipo ontológico: no creer en la vacuidad de todo lo existente; o de tipo cosmológico: creer en la eternidad (śasvata) o en la aniquilación (uccheda).

La tradición budista ha considerado generalmente siete falsas opiniones: la creencia en un yo sustancial (ātman), la negación de la realidad del karma, la creencia en lo eterno, la creencia en la nada, la adopción de reglas morales de otras escuelas, la idea de que los malos actos pueden generar buen karma, y la duda ante las verdades budistas.

Otras clasificaciones de la literatura canónica listan sólo

tres opiniones erróneas: la idea de que la existencia carece de causa, la idea de que las acciones no tienen efecto y el nihilismo.

Las opiniones falsas en sentido moral son los opuestos de las opiniones verdaderas que se enumeran en textos como el Arthaviniścayasūtra: «Existe una vida presente y un mundo del más allá, tenemos un padre y una madre (a quienes les debemos algo), el don [sincero] existe, hay valor en las ofrendas, hay diferencia en el fruto y la maduración de los frutos de los actos deseables, indeseables, buenos y malos. En verdad hay en este mundo unos que siguen el camino recto y alcanzan la meta».

Las opiniones falsas en sentido ontológico varían de una escuela a otra, siendo la escuela madhyamaka la más radical al afirmar el rechazo de toda idea u opinión. Una de las listas más comunes registra cinco perspectivas equivocadas con un talante liberal, esto es, la creencia en que los componentes de la personalidad son una realidad simple (satkāya); caer en la falacia de los extremos (antagrāha); el nihilismo; la estimación exagerada de las opiniones, doctrinas y creencias, y la estimación exagerada de la moral y los votos.

Otra lista de cinco puntos es la aportada por Vasubandhu, filósofo idealista del mahāyāna, que distingue como falso la creencia en el yo y en lo mío; considerar los agregados de la personalidad como una realidad simple (satkāya); creer en la continuidad o discontinuidad absolutas; considerar que no hay diferencia entre los estados superiores e inferiores de sabiduría, y confundir lo que no es ni causa ni parte del sendero budista con la verdadera causa y el verdadero sendero hacia la liberación.

La vía media ontológica del mādhyamika apunta dos falsas opiniones que hay que evitar, proponiendo la verdad del vacío: la creencia en que la aniquilación es posible (ucchedadṛṣṭi) y la creencia en que la eternidad es posible (śāśvatadṛṣṭi).

Muy conocidas, y con carácter de verdad canónica abstracta, son las 62 dṛṣṭigata del *La red de Brahmā* (Brahmajāla), que en realidad son variantes de las satkāyadṛṣṭi.

La *Vía de purificación* (Visuddhi-magga XVI. 85) recoge cuatro falsas creencias junto con el remedio para librarse de su nefasta influencia: la creencia en la individualidad, que se previene mediante el conocimiento de los mecanismos del sufrimiento; la creencia en la eternidad de las cosas, que puede evitarse observando la caducidad de las mismas; la creencia en la aniquilación de las cosas y los seres, que se evita conociendo su origen; la creencia en la ineficacia de las acciones, que se corrige mediante la práctica del camino budista y la experimentación de sus resultados.

Según otro texto (Vibhaṅga), hay cuatro grandes falsedades: yo produzco la felicidad y la infelicidad, otros la producen, yo y otro conjuntamente las creamos, ni yo ni otro conjuntamente las creamos. Según los *Diálogos medios* (Majjhima-nikāya I.8), seis: mi yo existe, mi yo no existe, yo mismo tengo consciencia de mi propio yo, yo mismo tengo consciencia de la ausencia de un yo, un no-yo tiene consciencia de mi yo, soy un yo que no ha nacido ni nacerá, el cual es inmutable, eterno.

Un sinónimo pleonástico de *dṛṣṭi* es *dṛṣṭigata*, que se usa generalmente para referirse a las cuestiones especulativas conocidas como «las inexplicables» (avyākṛta), es decir, las aporías que reconoce el budismo, cuya lista se incluye en los *Diálogos medios* (Majjhima-nikāya 63).

Conciencia y conocimiento

El vocablo sánscrito *vijñāna* comparte en cierta medida el campo semántico que sugieren las etimologías grecolatinas de «conocimiento» y «consciencia», y al igual que estos dos cognados castellanos, el término alcanza significados que rebasan su etimología. El sustantivo jñāna, nombre de acción que procede de la raíz jñā- (de su raíz indeuropea se deriva también la raíz grecolatina *gno-/gnosc-*), denota la acción y el efecto de conocer o cobrar conciencia de algo, mientras que el prefijo preverbal sánscrito *vi-* es ante todo intensivo, y denota además amplitud y discernimiento.

Así, por su etimología, vijñāna se refiere al acto de entender cabalmente, al conocimiento superior, la consciencia plena o el conocimiento del propio conocer. En consecuencia, en la literatura filosófica de la India, el término suele referirse a un nivel elevado en la jerarquía de la percepción y el conocimiento. El uso en contextos budistas abarca un campo semántico que se extiende desde el discernimiento hasta la consciencia y desde el conocimiento cierto hasta la inteligencia liberadora.

En la literatura de los āgama y los nikāya adopta, en general, cuatro significados. En primer lugar es el conocimiento veraz, claro y distinto. También puede referirse a la consciencia de la existencia o la consciencia de la identidad, que es la que da origen a la idea de un yo individual cuando, según la psicología evolutiva de la India clásica, el feto cobra consciencia de sí mismo. El tercero de sus significados es la consciencia como el quinto factor de la personalidad (skandha). Y, por ultimo, el punto más alto en la jerarquía de los sentidos, la consciencia de los cinco sentidos, los cuales están supeditados a la consciencia mental (manovijñāna).

Así, se habla de vijñāna como la capacidad de captar o aprehender la realidad mediante el análisis inteligente; pero se entiende que hay algo más allá del vijñāna, que es lo inefable inaprensible, la realidad absoluta (*Dīghanikāya*). En este sentido, el vijñāna es un conocimiento limitado.

En segundo lugar, es el tercer eslabón de la llamada «cadena del origen condicionado», pratītyasamutpāda), y en ese contexto es concebido como el primer momento de una nueva vida, en el cual el error fundamental de la ignorancia (avidyā) se transmite, o "hereda", de la última vida pasada a la presente –la transmisión (saṃkrānti) depende del vijñāna, pues éste es el vehículo y el agente del poder condicionante de las predisposiciones (saṃskāra)–. En este sentido el vijñāna desempeña la función que hoy se atribuye a los genes. A su vez, estos primeros momentos de consciencia determinan el carácter fundamental de los rasgos psicológicos y físicos (nāmarūpa) de la criatura.

En tercer lugar, como se ha dicho, el término denota el quinto componente de la personalidad (skandha), que representa aquellos aspectos de la subjetividad que quedan después de desgajar los otros cuatro skandha: (1) rūpa: el cuerpo y las sensaciones corporales; (2) vedanā: las sensaciones psíquicas y emociones; (3) saṃjñā: las percepciones e ideas; y (4) saṃskāra: los rasgos, destrezas y defectos, es decir, el conjunto de las facultades de captación, apercepción y consciencia.

En cuarto lugar, el vijñāna remite a la consciencia como el punto más alto en la jerarquía de la sensibilidad perceptiva. En este caso, como cuando se habla del skandha de la consciencia, se trata de un conjunto de facultades sensibles, es decir, cada uno de los actos y experiencias que constituyen la captación de un objeto o su representación sensorial, y, en la experiencia cumbre, la consciencia que se tiene de los estados mentales y la percepción misma.

La tradición presupone además que la consciencia de los estados mentales es la consciencia madre o fundamental, o, lo que es lo mismo, una consciencia más elevada que la consciencia de los otros cinco sentidos. En la literatura posterior se conservan todos estos sentidos, pero domina el que identifica la consciencia con la mente, como autoconsciencia y consciencia del contenido mental, es decir, la consciencia que conoce las representaciones mentales.

Además, en la escolástica (abhidharma) y en los tratados (śāstra) del mahāyāna cabe distinguir, junto a los cuatro sentidos indicados, tres acepciones imbricadas:

(a) El vijñāna como órgano de la mente. No hay que olvidar que en el pensamiento indio la mente (citta, manas) es el sexto de los órganos sensoriales. En el abhidharma sarvāstivādin, y más tarde entre las escuelas de filiación sautrāntika, el vijñāna es el órgano mental –el lugar donde se llevan a cabo los procesos mentales (llamados caitta), y el mecanismo por el cual ocurren y se dan a conocer los contenidos mentales–. En este sentido vijñāna designa un proceso o mecanismo mental, por lo que es sinónimo de "pensamiento" (citta) y "mente" (manas).

(b) El vijñāna como el proceso por el cual la consciencia se percata de algo (sinónimo de vijñapti). Como nombre de acción, el vocablo *vijñāna* implica un proceso. Es la actividad y facultad de advertir, notar, percatarse o avisarse a sí mismo de una percepción, sensación o pensamiento. Por tanto es también vijñapti, que significa literalmente «hacer saber, dar a conocer». En este uso sus significados se extienden incluso al proceso de la representación e información mental (hacerse saber, llegar a saber, hacerse advertir, llegar a ser advertido). Pero también abarca la idea de informar a la consciencia (dar a conocer lo que no se había dado a conocer) y, así, puede referirse a la vida consciente como la manifestación o expresión de una simiente kármica. Esta extensión del significado de vijñāna y vijñapti subyace o refuerza, en cierta manera, los significados de la siguiente acepción.

(c) El vijñāna como depósito de las semillas (bīja) kármicas y como primer lugar de manifestación de dichas semillas (sinónimo de ādānavijñāna y ālayavijñana). En este sentido es receptáculo o recipiente, porque el vijñāna también puede ser la facultad intelectiva que reúne tanto lo consciente y manifiesto como lo inconsciente kármico. Es por tanto un banco o almacén de los efectos todavía no manifestados de las acciones pasadas (ādānavijñāna y ālayavijñana), concepto que será desarrollado por la filosofia idealista del mahāyāna, en concreto por la *escuela de la conciencia* (vijñānavāda). Para esta escuela, la conciencia era lo unico existente (vijñaptimātratā). «Sólo mente, ¡Oh monjes!, son los tres mundos.» Esta frase del Buda dio lugar al idealismo budista. La construcción de la realidad en la conciencia justificaría una teoría del mundo en la cual el vijñāna (como lugar de la consciencia y receptáculo de la potencialidad kármica) constituyera la realidad fundamental, o a la única realidad necesaria para explicar la existencia del mundo.

IV. VACUIDAD

El linaje del vacío

La idea del vacío gozó de un prolongado linaje en la literatura budista. Aparece ya en una de las colecciones de textos más antiguas que registran los diálogos del Buda, la *Colección de diálogos* (Sutta-nipāta). Pero es hacia el siglo segundo de nuestra era cuando la idea adquiere su estatus filosófico, de la mano del célebre Nāgārjuna. Por aquella época el vacío ya era objeto de inspiración poética y especulativa de un género de textos que guardaron una estrecha relación con los primeros filósofos del mahāyāna, los textos del *Discernimiento Perfecto* (Prajñāpāramitā).

En *Fundamentos de la vía media* (Mūlamadhyamakakārikāḥ), una de las obras más influyentes en la historia de la filosofía india, Nāgārjuna expone su concepción del vacío (śūnyatā). La vacuidad es para Nāgārjuna, paradójicamente, la esencia del mundo, pero se trata de una esencia muy particular, una esencia vacía. El término es equivalente a otro concepto de gran prestigio entre los escolásticos budistas, pratītyasamutpāda, que hace referencia a la condicionalidad de todas las cosas, a su esencial contingencia. Las cosas dependen unas de otras. Tanto los seres que habitan el cosmos (animales, plantas, fantasmas, seres mitológicos y humanos) como las diferentes entidades que lo amueblan (planetas, minerales, paraísos, infiernos, ideas, esperanzas y sufrimientos) comparten una característica común: carecen de naturaleza propia y son, por tanto, vacíos. Esta circunstancia hace que, para existir, las cosas se apoyen unas en otras, dependan unas de otras. De modo que aunque el lenguaje convencional (ya sea el habla común o el lenguaje religioso o científico) se refiera a "seres" y "cosas", éstas no son sino la ilusión creada por el pensamiento conceptual, que deriva de nuestra necesidad de expresarnos y comunicarnos pero carece de realidad al margen de esas necesidades. Y, sin embargo, gracias a esa ilusión podemos entendernos, y gracias a ella la enseñanza del Buda puede ser transmitida y producir la transformación interior a la que va destinada. Esta ambivalencia de la vacuidad, ese hacer posible el decir y, al mismo tiempo, no decir nada, llevó a los filósofos a relacionarla con el silencio del sabio.

Elogio del silencio

La literatura del mahāyāna entonará el canto del silencio del sabio, que ha aprehendido la vacuidad no sólo de las cosas, sino también de las palabras que nos conducen a ellas. Se trata de un tema recurrente que será heredado, como veremos en el siguiente capítulo, por las tradiciones chinas y japonesas.

El Laṅkāvatāra-sūtra considera el mundo del habla como el mundo del engaño (también de la ilusión), que es parecido a un delirio, y añade que el Buda mora en «el silencio del sabio». Él nunca dijo una sola palabra. Del mismo modo, la *Enseñanza de Vimalakīrti* (Vimalakīrti-nirdeśa-sūtra), aun afirmando que todo es lenguaje, declara que sólo el silencio puede expresar la última realidad.

Gran parte de la especulación budista sobre el silencio se centró en la interpretación del concepto de vacuidad (śūnyatā). Para la escuela madhyamaka, fundada por Nāgārjuna, fue el punto de partida de una crítica radical de todo posicionamiento filosófico, la llave para la refutación de todas las opiniones. Esta escuela llevó hasta sus últimas consecuencias una idea que sólo estaba implícita en el escolasticismo anterior: el universo, tal y como lo conocemos, es una construcción de la convención y diferenciación lingüísticas. El mādhyamika no compartía con la escolástica anterior (el abhidharma) la idea de que el mundo *real* podía conocerse (y reducirse) mediante toda una serie de convenciones lingüísticas, el metalenguaje de los dharmas, elementos de la *realidad*.

De acuerdo con la escolástica de las tradiciones sarvāstivāda y sautrāntika, la mayoría de los objetos materiales y mentales designados por las palabras del lenguaje corriente no eran realidades objetivas o cosas reales (vastusat), sino meras designaciones convencionales (prajñapti). Un análisis a fondo de dichos objetos revelaría sus verdaderos componentes, siendo reales (dravyasat) sólo aquellos que fueran indivisibles. Su razonamiento era una especie de atomismo que, llevado por la *retórica de lo elemental*, buscaba los elementos irreductibles con los que estaban constituidas las cosas. Estas entidades reales fueron llamadas "dharmas". Un lenguaje técnico de dharmas se utilizaba entonces para revelar la irrealidad de entidades creadas mediante designaciones convencionales (principalmente el "yo") y para definir las entidades reales. De modo que la única representación lingüística correcta o verdadera del mundo consistía en ese dharma-lenguaje.

Posteriormente, la escuela de Nāgārjuna extendería su crítica de la diferenciación lingüística convencional a todas las visiones del mundo, incluyendo la teoría de los dharmas de la escolástica y su propio análisis de los puntos de vista. Es decir, la idea misma del mundo como convención lingüística era a su vez otra construcción lingüística, no una herramienta metalingüística por medio de la cual el lenguaje revelara su verdadera naturaleza, y tampoco la encarnación de una realidad fuera de dicho lenguaje.

La crítica de Nāgārjuna comparte con el mahāyāna un rechazo de esa tendencia tan escolástica a crear nuevos edificios conceptuales. Se podría decir que interpretar el pensamiento de Nāgārjuna como una crítica del lenguaje no es incorrecto, aunque una interpretación estrictamente lingüística dejaría de lado el papel jugado por el ideal religioso en su filosofía. De hecho, como se mostrará más adelante, la crítica del lenguaje de Nāgārjuna y sus sucesores dio nueva vida al sentido religioso de la doctrina budista del vacío.

La escuela de Nāgārjuna, llamada madhyamaka o *escuela de la vía media* sintetiza la enseñanza del Buda en una posición media entre dos extremos: existencia e inexistencia, afirmación y negación. “Media” no quiere aquí decir compromiso o común denominador, sino que apunta al significado característico del mahāyāna de síntesis dialéctica. Esto es, el *posicionamiento* doctrinal de la *vía media* produce afirmaciones (o negaciones) de un orden diferente al de las afirmaciones filosóficas o convencionales. Son términos superordinados que, aun siendo construcciones conceptuales, sirven para decirnos algo sobre esas mismas construcciones conceptuales, no sobre una realidad supuestamente exterior a ellas. Consecuentemente, las enseñanzas del Buda no podían reducirse a categorías metafísicas como los dharmas propuestos por la escolástica anterior.

Nāgārjuna insiste en que su análisis se basa en un descubrimiento fundamental del Buda: la interconexión causal de todos los fenómenos (todo está en todo, el universo en una flor), y no sólo de las entidades elementales (dharma) del sarvāstivāda. La crítica que la tradición escolástica hizo de la noción del "yo" debe aplicase también a cualquier otro tipo de reificación, incluyendo los propios dharmas. El yo y los dharmas son igualmente vacíos, pues ninguno de ellos puede tener realidad alguna (o significado) al margen de su relación con alguna otra cosa. Así, el "yo" que utilizamos en el lenguaje corriente sólo puede tener significado en función del contexto: "mis pensamientos", "mi cuerpo" o "mi hambre". Pero no se evita este error reemplazándolo por una reificación de cada uno de los elementos (pensamientos, cuerpo, hambre) que pone de manifiesto este análisis. El segundo orden de significado representado por esa conceptualización de la crítica nos permite hablar del yo y de lo que le pertenece sin asumir que ese yo del que hablamos sea de hecho una entidad real. Pero Nāgārjuna argumenta que esa conceptualización es, en sí misma, una construcción artificial. Los dharmas del análisis escolástico son designaciones convencionales: están abiertos a la misma crítica filosófica a la que fue sometido el "yo". Comprender que todas las palabras –incluidas las de la enseñanza del Buda– son meras designaciones convencionales es entrar en la vía media y comprender el silencio de los budas (*Fundamentos de la vía media*, 24. 18).

Toda esta especulación sirvió de base a la explicación de un silencio sagrado que se identifica con la vacuidad. Nāgārjuna acepta las interpretaciones tradicionales del silencio del Buda, pero lo que antes fueron ejemplos aislados del ministerio del Buda se convierte ahora en lo más representativo (el significado más alto) de toda la enseñanza. Así, se dirá que «en ningún lugar el Buda enseñó nada a nadie» (*Fundamentos*... 25. 24).

De modo que la "postura" de esta escuela es no defender ningún punto de vista, no mantener ninguna tesis. En el siglo sexto, Candrakīrti, comentarista de Nāgārjuna, sintetizará su posición de la siguiente manera: «¿Defienden los sabios [una postura]? ¿Quién dice que ellos lo hacen o no lo hacen? Si la verdad última de los sabios es mantenerse silenciosos (o "la verdad última es el silencio de los sabios"), ¿cómo podría entonces haber ninguna disputa verbal defendiendo o no [una postura]?».

Pero basta con echar un vistazo a la literatura para comprobar que la filosofía de Nāgārjuna no terminó en silencio. Su idea de la vacuidad fue mucho más allá. Si bien propuso que no tener puntos de vista era el único punto de vista que representaba el significado del despertar, resultaba ineludible preguntarse (como él mismo hizo) qué tipo de conducta se seguiría de esa carencia de puntos de vista. Pues considerar esa falta de puntos de vista como un estar en blanco, o como un vacío existencial, supondría reificar la vacuidad, juzgarla una realidad autocontenida, permanente, definible y autónoma. Y semejante proceso mental sería un ejemplo más del apego (la reificación se consideraba inextricablemente asociada al apego), fuente inevitable de sufrimientos. Por tanto, considerar la vacuidad un silencio literal, un tipo de vacío mental o lingüístico, sería interpretarla equivocadamente. Como dice Nāgārjuna siguiendo la tradición de las escrituras, sería como agarrar la serpiente por la cola, o no tomar una medicina conforme a la prescripción (*Fundamentos*..., 24. 11-13). La serpiente te morderá, la medicina te envenenará o te convertirás en adicto al remedio.

La vacuidad fue una crítica de la realidad convencional, pero esa misma crítica no descartó o suprimió dicha realidad convencional, ni la reemplazó por algún tipo de vacío etéreo o absoluto, pues el término "vacuidad" habría perdido entonces su referente y su sentido sin esa realidad convencional, llamada lenguaje, cultura o historia. La "realidad convencional" o, mejor, la "verdad convencional" no es sino el conjunto de todas nuestras concepciones del mundo, entre las cuales hay una, reflexiva, que nos permite ver la naturaleza vacía de las mismas. He ahí la vacuidad. Pero la vacuidad también es reflexiva en el sentido de que se describe a sí misma. Al no existir fuera de la realidad convencional, es la misma realidad convencional cuando es vista del modo adecuado. La vacuidad es por tanto una forma de ver, una mirada, y una forma de estar en el mundo e incluso de hablar.

El silencio de la verdad

Se opera así un desplazamiento del ámbito de la especulación filosófica al ámbito del simbolismo religioso. La dimensión religiosa del silencio es aún más clara en una literatura con la que Nāgārjuna guarda una estrecha relación, aunque la cronología precisa de esa relación permanece todavía oscura. Los sūtra mahāyāna provienen de uno de los períodos más prolíficos en la historia de la literatura budista, y el silencio del Buda es un motivo recurrente en ese vasto y variado corpus de textos. Aunque el concepto no era, como hemos visto, nuevo, en el mahāyāna juega un papel tan preponderante que no es extraño que alguna fuente afirme que el Buda nunca dijo nada. Su extraordinaria enseñanza, su revelación más profunda, tomó expresión mediante su perpetuo silencio, del mismo modo que su gran compasión se expresó a través de su continua sonrisa.

El *locus classicus* de la afirmación más radical de esta doctrina es un pasaje del Laṅkāvatāra-sūtra (144), que aparece también, casi idéntico, en el Tathāgata-guhyaka-sūtra. Citado por Candrakīrti (Prasannapadā 366, 539), el pasaje dice así:

«En el intervalo entre la noche en la que el Tathāgata despertó completamente a un perfecto e insuperable despertar, y la noche en la que obtuvo la perfecta paz (la noche de su muerte) sin ningún apego restante, el Tathāgata no dijo, no pronunció, no proclamó una sola sílaba».

Candrakīrti no interpreta el pasaje literalmente sino como una metáfora de la naturaleza del discurso del Buda, y cita otro fragmento (de una fuente todavía sin identificar) según el cual los budas llevan a cabo una labor pedagógica, aunque, en sentido estricto, no enseñan ninguna doctrina:

«Como una campana de viento, que suena movida por el viento y sin intérprete alguno, emite diversas tonalidades, así, movido por las disposiciones de todos los seres, la palabra del Buda vino, [aunque] él, perfectamente puro de pasado, se hallaba libre de toda conceptualización».

Se ofrecen aquí al menos dos significados al silencio del

Buda: el Buda es silencioso en cuanto que la forma y contenido de su enseñanza dependen de las circunstancias y la disposición de quien las escucha. De hecho, cualquier palabra, cualquier sonido, cualquier forma podría ser la enseñanza del Buda si hubiera una mente dispuesta a entenderla como tal, pues aquel que la recibe saca a relucir una verdad que no está en las palabras, que no se expresa mediante palabras, sino a pesar de las palabras, del mismo modo que el viento transforma la inanimada campana en virtuoso intérprete.

Para ilustrar el primer punto se puede traer a colación otro pasaje del Tathāgata-guhyaka, recogido en el mismo comentario de Candrakīrti: «Pero ¿de qué modo enseña el Bienaventurado el dharma de formas distintas a todos aquellos que necesitan instrucción: dioses, demonios, seres humanos, kinnaras, siddhas, vidyādharas, nāgas, etc.? Con una simple emisión instantánea de su voz aparta la oscuridad de las mentes de los seres». (366). Y, en otro lugar: »Todos los seres vivos, según sus compromisos y según sus disposiciones varias, perciben la voz del Bienaventurado como es emitida. Pero para cada uno toma una forma diferente...» (Prasannapadā 539).

El silencio del Buda puede representar también la perfecta quietud de la mente del Buda, que encarna la liberación de las cadenas de la conceptualización, su "pureza". En otras palabras, está en paz porque en su mente no confunde la representación discursiva de la realidad con la realidad que trata de revelar su discurso.

Candrakīrti cita también un párrafo del *Rey del samādhi* (Samādhi-rāja-sūtra) para mostrar que la universalidad de la enseñanza del Buda no sólo significa que la palabra del

Buda puede tomar cualquier forma, sino también que cualquier forma puede contener su enseñanza:

«Cuando el asceta que proclama todos los dharmas llega a ser un buda, monarca del dharma, la voz que proclama la irrealidad de los dharmas se escucha en prados, arbustos, árboles, plantas, rocas y montañas. Todas las palabras que hay en este mundo, siendo irreales, careciendo de realidad, son la voz resonante del Tathāgata, guía del mundo» (Prasannapadā 367).

Y a pesar de ello «el Tathāgata no conceptualiza, no discrimina: pues el Tathāgata está libre de la confusión discursiva y de los hábitos formados por las asociaciones producidas por la conceptualización y la discriminación».[11] El mensaje único de los budas es esa realidad inexpresable; en este sentido, el Buda no habla, no puede hablar. Pero, al mismo tiempo, todo lo que dice es sólo una palabra, o mejor dicho, un sonido instantáneo, el sonido de la vacuidad. Y puesto que es uno y vacío, su mensaje puede llegar a todos los seres, sin discriminación de su condición y en sintonía con su carácter, disposición y preocupaciones.

Estos pasajes de los sūtra nos ofrecen puntos de vista que no difieren en lo fundamental del de Nāgārjuna. En ambos casos la desconfianza hacia las palabras como convenciones lingüísticas se extiende a toda forma de conceptualización, incluyendo la misma doctrina budista y la propia filosofía madhyamaka.

Se advierte, a través de los sūtra, de los peligros de la reificación y el apego a lo conceptual. Se asume que el mismo

11. Tathāgataguhya, Prasannapadā 539.

Buda no pudo haber pronunciado una sola palabra o, al menos, que cada una de las palabras que salieron de su boca deben ser, *ipso facto*, descalificadas como palabras sagradas o reveladas, y, por tanto, todo lo que pudiera haber dicho sería sólo una revelación provisional y, en última instancia, vacía.

Una forma extrema de esta postura la encontramos en un diálogo entre un laico y el bodhisattva Mañjuśrī que recoge el Viśeṣacintibraḥma-paripṛcchā.

«– Mañjuśrī, ¿lo que me has dicho es la verdad última?

– Todas las palabras son la verdad última.

– ¿Son las mentiras la verdad última?

– Sí, lo son. ¿Por qué? Porque todas las palabras son mentira, sin localización ni dirección, y todas las cosas (dharmas) son también mentira, sin localización ni dirección. Por tanto todas las palabras son la última verdad.»

El pasaje no propone, como pudiera parecer a primera vista, una visión escéptica o nihilista del mundo. Nada sugiere en él que la prohibición de las palabras pudiera llevar a la liberación del lenguaje. En su falsedad, todas las palabras revelan el mensaje fundamental del Buda: que todas las palabras y los conceptos carecen de referente (la localización o dirección de la que habla el sūtra).

En este sentido, todas las palabras y todas las cosas son al mismo tiempo falsas (sin prueba) y verdaderas (sin usos apropiados e inapropiados). Igualmente, todo lo que el Buda dice no sirve sino para revelar la falsedad de todo cuanto se dice. De este modo, ignorando –por razones poéticas o pedagógicas– la jerarquía implícita de los niveles discursivos, podría decirse que el Buda nunca dijo nada, y si lo hizo, lo que dijo carecía completamente de significado y de verdad.

Las palabras del Buda no son diferentes a las de su primo, el cismático Devadatta. Dice el sūtra: «Si todos los dharmas son mentira, sin localización ni dirección, todas las palabras son en verdad la última verdad [...] Entre las palabras de Devadatta y las palabras del Tathāgata no hay diferencia ni distinción. ¿Por qué? Porque todas las palabras son palabras del Tathāgata». El aparente nihilismo de esta afirmación se corrige considerando otra ecuación: el sonido de la falsedad es el significado del silencio de la verdad. Esto es, el referente de la enseñanza del Buda es la falsedad del lenguaje cuando es visto como realmente es. La condición de las cosas como realmente son, sin reificación, se llama "talidad", "siendo así". El Viśeṣacintibrahma-paripṛcchā añade: «Todas las palabras que se han dicho son las palabras del Tathāgata. No hay nada fuera de *lo que así es*. Cualquier cosa que se diga dice algo sólo porque no dice nada, puede decir algo sólo debido a que todo discurso es lo mismo, todas las palabras son semejantes, todas las palabras vacías».

En tanto que se asume que las palabras, los pensamientos y los conceptos se refieren a algo independiente, a una realidad con naturaleza propia, uno se apega a las palabras y es confundido por ellas. Si los fenómenos se reifican mediante palabras, serán fuente de apego y confusión. Sólo cuando las palabras se revelan a sí mismas como lo que realmente son –vacías– se convierten en vehículo de liberación, y el parloteo de la necedad se convierte en el silencio de la verdad. De acuerdo con esta visión, la única cualidad inherente a todas las cosas, incluidas las palabras, es su vacuidad. Ésa es la llave para la liberación de las ataduras de las palabras y las cosas.

Palabras de silencio

¿Debe permanecer en silencio quien mantiene semejante postura? Ese no ha sido el caso. Los textos alaban sin ambigüedad la elocuencia de los budas. El vasto corpus de la literatura mahāyāna es la prueba nada silenciosa de dicha elocuencia, no sólo por su extensión y complejidad, sino también por el hecho de que sus páginas fueran consideradas sagradas por la tradición. El mahāyāna comparte con otras tradiciones religiosas, budistas y no budistas, un mismo sentido de la palabra sagrada, y no sólo en las declaraciones consideradas como la *ipsissima verba* del fundador, sino incluso en el uso de ciertas estructuras sintácticas y verbales. No faltan los udāna, declaraciones inspiradas en las que el Buda expresa su penetrante intuición de forma elocuente, ni estrofas que constituyen credos incuestionables del budismo.

La idea filosófica del vacío no socavó el prestigio de la palabra sagrada. Los textos que recogen los diálogos del Buda y sus discípulos, los sūtra, incorporan ciertos parecidos estructurales que establecen su condición de palabra sagrada. El texto queda enmarcado por un preámbulo (nidāna) que certifica la autoridad y autenticidad de la obra, y un *epílogo* o sección final de transmisión (parīndanā) que lo confirma como la encarnación de las verdades budistas. Encontramos también *parallelismus membrorum*, muy frecuentes en la literatura prajñāpāramitā, que confieren a las afirmaciones doctrinales un incuestionable, y quizá compulsivo, carácter de letanía.

Que las palabras, como las cosas, sean vacías no quiere decir que no sirvan para nada o no haya que utilizarlas. A primera vista parecería que la tradición mahāyāna rechazara su propia prescripción de silencio. La *Enseñanza de Vimalakīrti* da cuenta de esta paradoja. El Buda no sólo no se apega a las palabras, sino que tampoco tiene miedo de ellas. Que «el sabio no se apegue a las palabras» no significa que deba permanecer en silencio sino que está libre de las construcciones mentales asociadas con ellas. «No tener miedo de las palabras» significa que los budas no se apegan ni a ellas ni al silencio. Es decir, no reifican el silencio y comprenden al mismo tiempo que todas las palabras revelan silencio. Por tanto las utilizan de forma eficaz para guiar a los seres.

El análisis del Vimalakīrti es confirmado por algunos de los elementos recurrentes de la literatura del mahāyāna: la crítica del lenguaje, la conceptualización o reificación de palabras acompañada de una disciplina privada de silencio literal (meditación como calma y concentración), una disciplina de silencio dialéctico (meditación como *penetración*, *visión interior* o *percepción adecuada* de la realidad) y, finalmente, una *visión interior* vivificada con un regreso del silencio al lenguaje mediante la enseñanza y los rituales que constituyen la espina dorsal del budismo en sus manifestaciones sociales. Dos tradiciones encajaron particularmente bien en este modelo: el budismo tántrico y el zen (o chan). Ambas ofrecen excelentes ejemplos de cómo la doctrina del vacío y del silencio del sabio es, simultáneamente, una crítica del lenguaje y una doctrina de la *Palabra*, ahora con mayúsculas.

V. LENGUAJE

Liberación del lenguaje y lenguaje de liberación

¿Qué actitud adopta el budismo ante las palabras si, como afirman algunos textos, el Buda no pronunció ninguna a lo largo de su prolongado ministerio? ¿Cuáles fueron las relaciones entre la palabra sagrada –vehículo de la práctica religiosa– y el sentido filosófico del silencio del Buda? ¿Se puede considerar al budismo como una crítica del lenguaje? Y si es así, ¿qué idioma habla?

El interés y cuidado de la palabra sagrada y su uso en la práctica religiosa ha jugado y juega un papel importante en la vida de los budistas, y, sin embargo, junto a esa preocupación por la palabra existió también un interés muy vivo por el sentido filosófico del silencio del Buda. El énfasis budista en lo sagrado como una realidad más allá del lenguaje y de lo conceptual ha llevado frecuentemente a los investigadores, sobre todo a los occidentales, a realzar la importancia de lo inefable en la lectura de sus tradiciones, hecho que tiende a oscurecer la comprensión del marco intelectual y lingüístico de muchas de ellas. Los investigadores del budismo han mostrado y aún muestran una especial predilección por aquellas doctrinas budistas que pasan por alto o restan importancia a la palabra sagrada y al lenguaje religioso en general.

El budismo participó, desde sus comienzos, de una cierta desconfianza hacia el lenguaje y el pensamiento conceptual. Según algunos textos, el pensamiento discursivo nubla la mente, e incluso se ha llegado a considerar que es lo opuesto a la liberación espiritual, con lo que, según estas fuentes, el budismo debería ser una religión de silencio. Esta impresión fue reforzada por otros factores como la aparente ausencia del rezo de petición tal y como lo conocemos en las religiones teísticas, el énfasis en la meditación (una experiencia religiosa introvertida) y el rechazo del valor último de símbolos y doctrinas religiosas.

Todos estos factores han contribuido con frecuencia a identificar el budismo con una religión ascética o yóguica, fundada en una experiencia, el despertar de Śākyamuni, más allá del lenguaje. La propia tradición confirma que, tras el logro del despertar, el Buda dudó de la posibilidad misma de comunicar lo aprendido en dicha experiencia, lo que reforzaría la idea del budismo como religión de *silencio místico*. En lo que sigue veremos que esta idea es equívoca y parcial, y, en la mayoría de los casos, presenta un reduccionismo superficial basado en lugares comunes y nociones demasiado apresuradas de lo inefable y de los usos y significados del silencio.[12]

12. No parece adecuado aplicar al budismo el término "místico" y deducir de ello que su mensaje esencial es una experiencia mística (La Vallée Poussin 1925; Ling 1966, y Gómez 1972), siendo todo lo demás una derivación accidental. En ese caso, esa esencia mística sería lo que el budismo compartiría con otras religiones o con una supuesta mística *universal* (Gardet 1958; Walker 1987). O esa esencia podría considerarse una dimensión experiencial, no doctrinal, del budismo, supuestamente genuina y exclusiva de esta tradición (Suzuki 1957b; Pyysiäinen 1993). Algunos investigadores han considerado esa *esencia mística* como el mensaje original del budismo, su elemento auténtico e inmutable (Vet-

El silencio del Buda es un tema recurrente en la literatura religiosa, pero ese interés por el silencio, en el caso del budismo, está íntimamente comprometido con las palabras. Las palabras cuentan. Y su papel ha sido decisivo tanto en las prácticas religiosas como en la búsqueda del silencio mismo. El silencio presupone el habla; el interés por el primero implica la segunda, que queda precisamente en un segundo plano, implícita, con la discreción de un axioma.

Un breve examen histórico y literario nos revelará un número considerable de tradiciones budistas centradas en algún tipo de lenguaje sagrado.[13] Trazaremos algunas de las

---

ter 1988). Otras veces el término "misticismo" se ha utilizado de manera un tanto apresurada, para explicar lo que es el budismo trasladando a nosotros, extranjeros, lo que la propia tradición nunca expresó abiertamente. Ese *significado* escondido o más profundo puede concebirse de muy diferentes maneras, creando un secreto alrededor del cual gravitarán las más variadas interpretaciones. Para unos se trata de una práctica mística (Pyysiänien 1993), o de un "yoga" (Tola y Dragonetti 1978); para otros el budismo no es una religión en absoluto (Suzuki 1933). Esta actitud se debió en gran medida a la aparición de ciertas teorías sobre el misticismo universal (Stace 1960a y 1960b). Hace ya casi veinte años que S. Katz editó el primero de tres volúmenes de ensayos que han venido a ser una singular excepción a esa tendencia general de ver el misticismo como una experiencia no lingüística o no conceptual (Steven T. Katz 1978, 1983, 1992).

13. La *cuestión mística* no puede abordarse sin el estudio de las condiciones históricas y las divergencias polémicas en las doctrinas de las tradiciones descritas como "místicas". La argumentación filosófica no es el único camino para buscar respuestas a la larga lista de cuestiones planteadas en la disputa sobre las experiencias místicas. Podríamos considerar, por ejemplo, si la palabra "misticismo" tiene algún otro uso que el de *mistificar* y no dar respuesta clara; si hay algún otro tipo de experiencias autónomas o *privadas* para las cuales no tenemos otras palabras que las de "experiencias místicas" o si tales experiencias son la única cosa sobre las cuales uno no puede hablar, y si dichas experiencias no están condicionadas lingüística o culturalmente, lo cual es, por cierto, diferente a afirmar que son universales. No hay modo de resolver estas cuestiones en abstracto. Habrá que investigar las afirmaciones de cada religión particular y los testimonios de sus figuras religiosas.

diferentes vías que recorre la reflexión budista sobre el lenguaje, las palabras y la Palabra. Este capítulo no resolverá, por supuesto, la cuestión de qué es el misticismo y hasta qué punto el budismo es místico, pero aportará algunas observaciones que ayudarán a reconducir las investigaciones sobre la cuestión del misticismo e indicará qué tipo de materiales deberían utilizarse en semejante empresa. Así, se intentará responder la siguiente pregunta: ¿en qué sentido es el budismo una religión de silencio? O, más concretamente, ¿en qué sentido es la tradición budista una crítica del lenguaje y un ejemplo particular de la crítica religiosa del lenguaje?

Literatura premahāyāna

La literatura budista premahāyāna de las colecciones de diálogos (nikāya y āgama) sugiere ya –no con tanta intensidad como la del mahāyāna– el carácter inefable de la meta religiosa budista. «El Buda está más allá de los caminos del habla» (Sutta-nipāta 1076); «no se puede concebir al Buda mediante imágenes o palabras» (Theragatha 469).

Para los budistas la sabiduría liberadora (prajñā) entraña dimensiones tanto discursivas como no discursivas. La teoría de los dharmas del abhidharma puede interpretarse como un intento de establecer un lenguaje técnico de la liberación, un conjunto de concepciones que reemplazará las concepciones erróneas de nuestra manera de hablar en el mundo. Estas reflexiones encuentran su expresión en el concepto abhidhármico de *prajñapti*, desarrollado en particular en la escuela sautrāntika. El término significa "designación convencional", y se utiliza para explicar la función del lenguaje convencional en contraste con el lenguaje de la verdad (paramārtha), que describe de forma adecuada la naturaleza de la realidad, es decir, desde el punto de vista del despertar. El mundo real es el mundo tal y como lo percibe un despierto.

Los lógicos sautrāntika fueron muy críticos con lo que ellos describían como una reificación del lenguaje en la filosofía de la escuela mīmāṃsā. Los extremos a los que llegaron en su intento de mostrar la naturaleza engañosa del lenguaje fueron particularmente esclarecedores en su teoría de apoha (lenguaje como exclusión). La teoría de apoha aduce, anticipando a Ferdinand de Saussure, que el lenguaje "significa" por *apophasis*: la palabra significa mediante la exclusión de todos los significados que no le pertenecen.

Los budistas buscaron por tanto un puente doctrinal que llegara más allá de la esfera del silencio místico. Las tradiciones textuales y escolásticas eligen dos vías para lograr este objetivo: la doctrina de la verdad convencional (saṃvṛti) y la de los medios o recursos (upāya) que harán posible el logro del despertar. En ambas podemos advertir que el budismo como religión práctica difícilmente podría basarse en un silencio literal. El silencio del Buda se manifiesta en su habla, sus palabras adoptan una forma comprensible (no siempre la misma) para quienes las escuchan. El lenguaje no es por tanto necesariamente falso. No extravía bajo todas las circunstancias, porque puede ser usado con "habilidad" como un "medio" (upāya) de liberación.

El término *prajñapti* representa la transición entre la filosofía del abhidharma y la filosofía madhyamaka. En esta última la experiencia de la realidad tiene una doble naturaleza: la convencional y la de realidad última. El lenguaje es una parte importante de la primera, y, como tal, es herramienta de construcción de una realidad fingida, un simulacro. Pero el lenguaje sirve también para expresar o señalar una esfera no lingüística donde es posible acceder a la naturaleza de las cosas.

Tantra y mantra

Los rituales tántricos pueden describirse en términos de lo que generalmente se denomina, de forma un tanto imprecisa, *magia simpatética* –el orden y el control del microcosmos afecta al orden y control del macrocosmos–, o, en el caso del tantrismo, la manipulación del microcosmos ritual actúa sobre el microcosmos psicofísico del practicante. En el budismo tántrico, la función principal del ritual no es restablecer la comunicación con la deidad, sino el dominio de las fuerzas espirituales y la identificación con las energías que liberan. Más aún, ese control y esa identificación pueden leerse como la identificación con la vacuidad (para la tradición Nāgārjuna fue uno de los maestros del tantrismo). El dominio de las fuerzas espirituales es el equivalente imaginario del control sobre el apego y la tendencia, esencialmente humana, a la representación conceptual. La derrota final de esta inercia tiene como resultado el nopensamiento y la supresión de las palabras, el silencio de la vacuidad.

Los iconos y las prácticas rituales que acompañan a la meditación tántrica pertenecen a la tipología del simbolismo ritual y mágico. Lo que los distingue no es la forma sino el contexto y su significado. Por ejemplo, las homologías que son la base de la creencia en la efectividad de la fórmula mágica son interiorizadas por el adepto y aplicadas al ámbito de la meditación. La efectividad de la fórmula sagrada depende de la correspondencia entre el sonido y la mente de la persona que la pronuncia. Estas correspondencias establecen homologías entre sonidos particulares y estados de la mente o partes del cuerpo.

El objetivo perseguido a través de la manipulación de estas correspondencias es una transformación de la persona en términos de ciertos ideales pretántricos de carácter espiritual. Los sonidos de los mantras o fórmulas se convierten por tanto en algo más que una mera herramienta para la operación mágica; funcionan como marcas y símbolos del estado interior de aquel que pretende alcanzar la condición de despierto.

Las tradiciones literarias y filosóficas de la India han tenido, desde antiguo, una consciencia muy clara del poder emancipador de las palabras y una exquisita sensibilidad hacia las energías que éstas liberan. Existe una firme confianza en que la pronunciación de sílabas, palabras o frases facilitará la adquisición de una identidad liberada. Esa sensibilidad se puede rastrear en algunas de las definiciones tradicionales de la palabra "mantra". En un comentario (titulado Yogāratnamālā) del *Tantra de Hevajra* (Hevajra-tantra), quizá el texto más importante de la literatura tántrica, se lo describe del siguiente modo: «Se lo llama mantra porque es un medio para concebir (*man-*) la última realidad y para salvar (*tra=trā*) al mundo».[14] En *Suma de todos los misterios* (Guhya-samāja-tantra), también llamado el *Misterio de la budeidad* (Tathāgata-guhyaka), se explica a su vez el signi-

14. Hevajra es el nombre de una divinidad tutelar muy popular en el Tibet. La traducción de ambos textos se encuentra en Snellgrove (1959, vol. 2, p.111).

ficado del término mediante una etimología caprichosa pero reveladora. Traducido libremente, el pasaje dice: «La sílaba *man* (en la palabra mantra) se refiere a que cualquier estado de la mente (manas) tiene lugar habiendo sido condicionado por los órganos de los sentidos y los objetos. El *-tra* significa cruzar sobre (trāṇa) (más allá de la existencia mundana)».[15]

Del pasaje anterior podemos deducir que los mantras cumplen al menos dos funciones. Por un lado son patrones simbólicos y de conducta (samayasaṃvāra) que se encuentran más allá de los usos convencionales; por el otro representan, y al mismo tiempo son, la actividad protectora de todos los seres diamantinos, de todos los budas. Por consiguiente, y de acuerdo con la *Suma...*, los mantras operan al mismo tiempo al menos en tres niveles diferentes: el de la representación mental y simbólica, el de la salvación y protección y, por último, el de la trascendencia.

Estas definiciones del tantra son una versión ritual de la paradoja que dejan traslucir con frecuencia los textos del mahāyāna. Lo inexpresable, el silencio de los sabios, no contradice ni excluye la esfera de la simbolización, y ésta última puede ser un medio para la realización del silencio.

Parece, por tanto, que el tantra no abandona el amor budista por el silencio, por lo que carece de forma, sino que efectúa un nuevo reconocimiento de la dimensión simbólica, del hecho de que en el icono se produzca el encuentro o acuerdo (samaya) entre lo inefable y el lenguaje. Y el silencio mismo se convierte en un signo, en tanto que el lenguaje

15. Ver Wayman (1977) y Wayman y Lessing (1968).

se reduce a sí mismo a silencio. Pero lo peculiar de un mantra es que tanto su forma como su referente parecen lingüísticamente arbitrarios, esto es, no es posible hallar en el lenguaje corriente ni en la literatura religiosa el motivo por el que una serie de sonidos particular puede servir de icono a una forma religiosa particular.

Esta paradoja puede explicarse si atendemos a su contexto: las instrucciones del maestro que dirige la meditación y el ritual mismo donde ésta se lleva a cabo. El proceso de la meditación como un todo es el marco de referencia en el que las invocaciones tántricas adquieren su significado. Las homologías parecerán arbitrarias sólo vistas desde fuera. La única forma de que esas homologías produzcan una transformación en la experiencia –la única forma en la cual el mantra puede comunicar su significado de manera efectiva– será transportando a la persona entera al reino de la iluminación del Buda. El mantra, por tanto, debe acompañarse de la práctica de gestos, de otros mantras y de la revisión de las visualizaciones ya aprendidas que convertirán dichas homologías, hasta ese momento simbólicas, en una identificación real con el icono.

Como en cualquier otro lenguaje, los sonidos carecen por sí mismos de significado; sólo el contexto puede otorgárselo. La conexión entre el sonido y su referente parecerá siempre arbitraria al lego y natural al iniciado. Los mantras son, después de todo, el lenguaje de los budas. Como las frases de un idioma desconocido, los mantras son ininteligibles para aquellos que no han penetrado en su universo de discurso, el mundo en el que los mantras "son pronunciados". Pronunciar los sonidos de ese lenguaje es pronunciar los sonidos del despertar, pero sólo serán capaces de expresarlo si van acompañados de la instrucción en la gramática de éste particular lenguaje y de la *experiencia de campo* de la meditación tántrica, una experiencia que transformará ese lenguaje extraño en un universo lingüístico familiar.

Los budas y las diferentes divinidades tántricas son traídos a la vida gracias a ese lenguaje especial, del mismo modo que las realidades de nuestros mundos culturales y sociales son construidas mediante nuestros sistemas simbólicos. Y, sin embargo, el lenguaje especial del budismo tántrico pone de manifiesto un aspecto de la experiencia lingüística que los lenguajes comunes tienden a ignorar, salvo, quizá, en el caso del poeta: el terreno silencioso del ser. La razón por la que los mantras deben carecer ostensiblemente de significado es que ellos representan todos los sonidos y, por tanto, la vacuidad de todos los sonidos, el silencio. El budismo se mantiene todavía firmemente enraizado en la primacía de la mente no conceptual; pero en el tantra esta mente encuentra expresión mediante unos sonidos especiales, la música de los despiertos.

La mente no conceptual del Buda debe tener por consiguiente un sonido particular, un sonido que sea fundamento de todos los sonidos. Ésta parece ser la idea expresada por el japonés Kūkai.[16] El maestro tántrico , en su análisis de las palabras, los sonidos y la realidad, afirma:

16. El maestro japonés Kūkai (774-835) fue el fundador de la escuela *shingon*, una de las formas más extendidas del budismo japonés. De origen aristocrático y educado en el confuncianismo, enfatizó en sus doctrinas las fórmulas mágicas y los servicios a los muertos. Su principal trabajo, *Los diez estadios de la conciencia*, es una síntesis de enseñanzas del confucianismo, el taoísmo y el budismo. Fue célebre caligrafista y poeta. Sus principales obras se encuentran traducidas al inglés en Hakeda (1972).

«Cada una de las diez esferas del mundo tiene su lenguaje [...] Las palabras que en el reino de los budas son verdad, en los otros nueve ámbitos son falsas [...]. [Los símbolos utilizados por los budas] se llaman, en sánscrito, mantras [...]. Éstos son capaces de denotar la realidad de todas las cosas sin error alguno y sin falsedad; por lo tanto son llamadas "palabras verdaderas" (shingon). [...] ¿Quién es ese rey de todos los mantras? Es la rueda de las sílabas, las sílabas madre reveladas en los sūtras Vajraśekhara y Mahāvairocana. Las sílabas madre son las sílabas sánscritas desde [la primera sílaba] "a" hasta [la última] "ha". Cada una de las sílabas es el nombre secreto del Dharmakāya Tathāgata. Dioses, serpientes mitológicas (nāgas) y espíritus tienen también sus respectivos nombres. Pero la raíz de todos ellos es la fuente que es el (nombre del) Dharmakāya. De él surgen incesantemente los lenguajes corrientes del mundo».[17]

Según Kūkai, «todas las cosas –los objetos de los sentidos y la mente misma– son "palabras"» (palabras escritas o caracteres), y estas palabras «engañan a algunos y logran que otros alcancen la iluminación». Por tanto, el hecho de que todos los lenguajes provengan del lenguaje de los budas no impide que las palabras mientan. «La falsedad de las palabras nos hace sufrir largas noches (de oscuridad). De los mantras surge tanto el sufrimiento como la dicha.» Así, cada sílaba representa el universo y representa lo no nacido, la vacuidad inefable, el "Mar de la perfecta sabiduría" que es la realización de los budas.[18]

17. Shioiri, Yoshinori y Gisho Nakano, *Dengyō-Daishi Kōbō-Daishi shū: Bukkyō kyoiku hoten*. (Modern Japanese Readings, 3), Tokyo, Hokawa Daigaku, 1972 (287-289).
18. Hakeda (1972, 219).

Ésta es la razón por la cual el énfasis tántrico en el lenguaje no debe interpretarse como la negación del silencio, del mismo modo que el énfasis de la escuela de Nāgārjuna en el silencio no debería significar la exclusión del lenguaje de la esfera religiosa. La "palabra verdadera" del mantra y el "silencio" del madhyamaka forman un par de opuestos que apuntan a un tercero, un término superordinado que los reconcilia y trasciende. Mircea Eliade señaló la frecuencia de este tipo de paradoja en la tradición del yoga y del tantra de la India,[19] pero su interpretación de dicha paradoja se basa en un sistema de yoga diferente al tántrico budista, un sistema en el que el camino hacia la liberación culmina con el retiro del mundo. El objetivo del budismo tántrico no es la «indiferenciada *completitud* previa a la creación, la unidad primordial» que Eliade consideraba el estadio final del yoga. La paradoja no se debe simplemente a una "coincidencia de opuestos", sino al hecho de que uno de los dos términos, coordinado por su opuesto, se transforma en un término superordinado que indica la trascendencia de la oposición.

El tantra budista, continuando la tradición de Nāgārjuna y de los sūtras del mahāyāna, no califica los elementos "trascendentes" como dos opuestos (transmigración-nirvana, falsedad-verdad) sino como una *vía media* en la que ambos opuestos se trascienden mediante su correspondencia. Este término medio o trascendente puede ser alguno de la pareja de opuestos, si se usa intencionalmente como medio para ir más allá de la oposición. Aunque la elección de los

19. Eliade (1998, páginas 97-98 de la edición inglesa de 1969, *Yoga: Immortality and Freedom*, London, Routledge and Kegan Paul).

términos no es insignificante, las dos vías que llevan de la identidad del sonido y el silencio, a un *silencio sagrado*, o a un *sonido sagrado*, son paralelas, simétricas y, a veces, sinónimas. De modo que el *silencio sagrado* sería equivalente al *sonido sagrado* (mantra).

No es posible explorar aquí en detalle los entresijos de esta clase de superordinación. Para hacerlo tendríamos que introducirnos en el ámbito de la práctica religiosa, la enseñanza *esotérica* que sólo se recibe de labios del maestro. Bastará con apuntar que la equivalencia entre *silencio sagrado* y *sonido sagrado* es sólo una aproximación, y no implica que todas las palabras valgan lo mismo. Dentro de la verdad general del silencio ("todas las palabras son verdades") hay secuencias concretas de sonidos que cumplen mejor que otras la función de iconos del silencio del Buda. Cuando decimos que la visión tántrica del silencio utiliza un *lenguaje* propio, queremos decir que la concepción de la vacuidad y el proceso que lleva a ella son representaciones simbólicas concretas y contextualmente unívocas. Estos símbolos, sin embargo, son metalingüísticos, pues no pertenecen a sistemas lingüísticos comunes, sino que son los mojones de una vía que lleva más allá de la realidad lingüística común (o que subyace a esa misma realidad que llamamos "lenguaje"). Los hechizos o encantamientos, por ejemplo, tienen sus leyes y vocabularios propios, arbitrarios y lingüísticos, elaborados en su mayoría de forma independiente al lenguaje común. Para el tantra representan la realidad de la vacuidad, no como simples símbolos sino como iconos, y en la medida en que comparten la esencia de la vacuidad, conociéndolos, se conoce la vacuidad.

La tradición chan (zen)

El ritual tántrico escenifica la tensión entre lo inefable y su simbolización. Dicha tensión se retoma con más fuerza si cabe en la tradición chan (zen) de Asia oriental. Se ha hablado tanto de la inefabilidad de la experiencia del despertar zen que es fácil pasar por alto lo que de otra forma sería obvio: que el chan (zen) responde a una tradición que utiliza las palabras de los maestros ancestrales como código relativamente invariable de la iluminación. El adepto tendrá que *descifrarlo* y probar que su comprensión del código es tan profunda como la de los antiguos maestros. De hecho, algunas de las más influyentes tradiciones chan son auténticas tradiciones literarias, críticas del lenguaje que funcionan, al mismo tiempo, como filosofías de un lenguaje sagrado de liberación.

La tradición chan asumió numerosos formalismos religiosos y lingüísticos del universo cultural chino en el que se desarrolló. Las ideas y prácticas de la India budista jugaron su papel, pero fueron asimiladas a modos culturales chinos y estuvieron asociadas, de forma imprecisa, con ese fenómeno tan difícil de definir que llamamos "taoísmo". El budismo de la India se fundió de forma natural con concepciones afines del taoísmo, un ejemplo de lo cual fueron las correspondencias entre las enseñanzas madhyamaka y los célebres aforismos taoístas. «La vía que puede nombrarse no es una vía verdadera» o «Los que saben no hablan y los que hablan no saben». El silencio de los budas se convierte, en China, en el silencio del conocedor del tao.

El estilo del sabio taoísta, su peculiar modo de conocer, decir y hacer, deja su sello particular en el budismo chino.

Los filósofos taoístas tuvieron predilección por la paradoja, la expresión metafórica y la frase o gesto escandaloso; sus gestos fluctuaron entre lo profano y lo iconoclasta. Estas peculiaridades de estilo revelan tres importantes aspectos del lenguaje religioso del taoísmo y el zen: (1) la paradoja indica la naturaleza dialéctica del lenguaje religioso; (2) la metáfora señala su valor metalingüístico, su naturaleza trascendente e independiente; (3) lo iconoclasta apunta a su poder de transformación.

Estos tres elementos de la cultura china prebudista se entendieron perfectamente con el espíritu de los textos del mahāyāna indio. En algunos de ellos se vislumbra ya una predilección por la paradoja, la metáfora y la afirmación escandalosa que contradecía incluso los mismos principios budistas. También fueron frecuentes, como vimos, las alusiones al silencio del Buda. El silencio y estos tres elementos discursivos (paradoja, metáfora e iconoclasia) fueron el material con el que la tradición chan elaboraría cuidadosamente el tejido de una dialéctica rigurosa que serviría tanto de fundamento como de técnica para la liberación.

La relación que estableció el taoísmo con las palabras y el silencio no fue menos sofisticada que la mantenida por el budismo en la India. Nos centraremos en dos aspectos de esa relación. El primero tendrá en cuenta que el énfasis taoísta en el silencio no es necesariamente una negación incondicional del valor del lenguaje. El segundo considerará que lo que convierte a las palabras en problemáticas y carentes de significado es, precisamente, su capacidad de ser portadoras del mismo.

El primero de estos dos aspectos se hace patente en el Chuang-tzu. Los sabios, se nos dice en primer lugar, se mueven en una esfera que las palabras no pueden alcanzar, «su camino no es el camino del habla, su discurso es un discurso sin palabras [...], y las palabras se dejan descansar en el lugar donde la comprensión ya no comprende más, y esto es lo más excelso». En el texto se afirma que el abandono del habla es la perfección del habla, y que «cuanto más hablas del (camino), más te alejas de él».[20] Y aún más, se dice que «si se habla de manera adecuada se puede hablar todo el día, y todo lo dicho estará en consonancia con el camino», si bien lo más último y más alto no lo pueden expresar ni las palabras ni el silencio.

Las palabras son instrumentos, ahí está el secreto de su correcto uso. Sólo al utilizarlas como herramientas las usamos con propiedad, como sugiere este pasaje:

«La red del pescador existe debido al pez; una vez atrapado el pez, uno puede prescindir de la red. La trampa de conejos existe debido al conejo; una vez cazado el conejo se puede prescindir de la trampa. Las palabras existen debido a su significado; una vez obtenido el significado se puede prescindir de las palabras. ¿Dónde encontraré a un hombre que pueda olvidarse de las palabras para poder hablar con él?».[21]

Asimismo, el Chuang-tzu distingue tres tipos de expresiones lingüísticas no profanas: (1) las *palabras atribuidas* (yü-yen), es decir, las palabras asociadas a los sabios del pasado; (2) las *palabras repetidas* (ch'ung-yen), dichos citados por los sabios; y (3) las *palabras chih-yen*, palabras que son como una copa que cae cuando se llena y recupera su

20. 22.84; (Watson 1968, 247) y 25. 80-82 (Watson 1968, 293).
21. (Capítulo 26 "Cosas externas" y 27 "Palabras atribuidas", Watson 1968, 302).

posición erguida cuando se vacía.[22] Éstas últimas son consideradas las más efectivas. Son las únicas que armonizan con todas las cosas, pues sólo ellas pueden dar cuenta de un mundo en constante tranformación, ya que las palabras, una vez han sido objeto de la reflexión, terminan inevitablemente reificándose. Lo que se dice acerca de algo sólo es cierto en el instante mismo de la pronunciación. Debido a que responden a las mutaciones de las cosas, las palabras chih-yen son palabras que no son palabras, son palabras de silencio. «Puedes hablar con ellas toda tu vida y no haber dicho nada, o puedes gastar tu vida entera sin hablar de ellas y nunca habrás dejado de hablar».[23]

Una de las fuentes textuales de la doctrina chan del silencio de los sabios fue un texto indio, las *Enseñanzas de Vimalakīrti*. En uno de sus pasajes, el sagaz Vimalakīrti adoctrina a los discípulos más avanzados del Buda. Uno de ellos acaba de exponer su propia versión de la no dualidad, provocando que los presentes se vuelvan en busca de confirmación hacia el bodhisattva Mañjuśrī, símbolo y patriarca de la sabiduría. Y Mañjuśrī sentencia: «En verdad habéis hablado bien, sin embargo vuestras explicaciones son en sí mismas duales. No conocer ningún dharma, no expresar nada, no decir nada, no explicar nada y no anunciar nada, no indicar nada y no designar nada, es el umbral de la no dualidad». En ese momento Mañjuśrī solicita a Vimalakīrti que exponga el ingreso del bodhisattva en la no dualidad, a lo que el laico contesta manteniéndose quieto y en absoluto silencio. Entonces Mañjuśrī vuelve a tomar la palabra: «Excelente, ex-

22. 27.1-2 (Watson 1968, 303).
23. 27.5-6 (Watson 1968, 304).

celente, noble señor. Ésa es en verdad la entrada a la no dualidad de los bodhisattva. Aquí no hay uso de sílabas, de sonidos o de ideas».

La naturaleza del silencio del sabio fue uno de los principales puntos de controversia dentro de la escuela chan, que intentó a menudo emular el silencio de Vimalakīrti. Podría parecer a primera vista que la actitud chan hacia el lenguaje es un rechazo intransigente de las palabras, pero los textos muestran de hecho algo muy distinto, y sería más exacto decir que hay una cierta desconfianza hacia la palabra escrita y la comprensión intelectual, aunque no siempre es fácil delimitar las fronteras de dicha desconfianza, dado que la tradición ha tendido a subrayar, tanto en el período clásico como hoy día, la expresión directa (a menudo metafórica) de una experiencia personal. Con respecto al lenguaje en general, sin embargo, la posición chan parece inclinarse más hacia una crítica del dualismo habla/silencio que hacia un rechazo incondicional de la expresión verbal. Con frecuencia se dice que el silencio literal no es menos habla (expresión simbólica) que las palabras. De modo que la experiencia de lo inefable se definiría mejor mediante la superación de la dualidad expresable/inexpresable.

Los *Dichos recordados de Bodhidharma* (Ta-mo yü-lu) comentan asimismo las palabras del *Vimalakīrti*: «El bodhisattva sigue el camino del dharma siguiendo lo que no es el camino».[24] Se pregunta qué quiere decir esto, y se responde que «recorrer lo que no es el camino significa no abandonar los nombres, no abandonar los signos externos. Penetrar (en

24. VknChin, 584c29-589a1.

el camino del Buda) significa no tener nombres entre nombres, no tener signos entre signos».[25] El pasaje está todavía lejos de una solución satisfactoria del problema fundamental. No se dice qué es más consistente con la no dualidad, si la aceptación o el rechazo de la expresión verbal. El texto refleja un estadio en la evolución del chan en el que la tradición todavía no había desarrollado un conjunto de expresiones verbales que, en virtud de su antigüedad, pudieran reclamar invariancia y servir de iconos.

En un momento posterior, bajo la dinastía Sung, encontramos un tratamiento más sofisticado del significado del silencio de Vimalakīrti. Por ejemplo, en el *caso ochenta y cuatro* de la célebre colección de kōan Pi-yen lu (siglo XII), se deja constancia de que Vimalakīrti ha dicho algo pero sin hablar.[26] El comentario en verso de Hsüeh-tou comienza diciendo: «¡Bah!, ese viejo idiota de Vimalakīrti», y en su comentario, Yüan-wu explica: «¿Por qué decir *¡Bah!*? Dadle trescientas bofetadas en la mañana y ochocientas más por la tarde. Un ¡*Bah*! no nos lleva a ninguna parte. [...] Que se levante la ensortijada espada del Rey Diamante y corte con ella su cabeza». El sentido del pasaje se aclara un poco en el *caso sesenta y cinco*, donde Yüan-wu cita los versos atribuidos a Huai T'ien-i (discípulo de Hsüeh-tou): «Vimalakīrti

25. Yanagida 1969: ī 27.

26. La traducción del *Pi-yen lu* se debe a Thomas Cleary (1977), *The Blue Cliff Record*, colección de kōan compilada originalmente en China durante la dinastía Song y que adquirió la forma presente del maestro Yüan-wu (1063-1135). Su sucesor Ta-hui (1089-1163) defendió la práctica de la meditación mediante el kōan, frente a otras técnicas quietistas, e instauró un sistema "ortodoxo" del uso del kōan que prevalecería durante varios siglos en China e influiría en algunos maestros zen japoneses, como Hakuin, que pertenecía también a la tradición Lin-chin (Yu 1979).

no permaneció en silencio por mucho tiempo. Lo infringió allí sentado». El comentario no reprocha a Vimalakīrti carecer del ojo del discernimiento, sino pretender estar en silencio cuando en realidad no lo está, y crear la ilusión de que existe un estado de absoluto silencio, un absoluto inexpresable que sirve de refugio frente a las tribulaciones de un mundo construido por el lenguaje.

Este caso es, de hecho, muy antiguo, y está basado en un episodio de una de las colecciones clásicas de diálogos, el Saṃyukta-āgama, donde el Buda responde con el silencio a las cuestiones que plantea un śramaṇa no budista, el tīrthika o extranjero:

Un extranjero preguntó al Buda: «Yo no pregunto acerca de lo que puede decirse, yo no pregunto acerca de lo que no puede decirse». El Bienaventurado permaneció (en silencio) por un rato. El extranjero lo alabó diciendo: «El Bienaventurado tiene gran compasión, gran piedad. Ha apartado de mí las nubes de la confusión y he logrado así la entrada». Después de que el extranjero se hubo marchado, īnanda preguntó al Buda: «El extranjero dijo: *He logrado la entrada*, ¿qué obtuvo?». El Buda contestó: «Él es como un buen caballo, corre a la sombra del látigo».

El kōan

Si la tradición chan se hubiera detenido en este punto no sería más que una escuela filosófica con cierto interés para el investigador, pero el chan fue también una institución y una religión. Los seguidores del chan han utilizado durante siglos símbolos sagrados que consideran medios efectivos (fang-pien) para tomar conciencia de que ni el habla ni el silencio constituyen el verdadero silencio, y estos símbolos están compuestos de palabras y frases. Son, de hecho, palabras sagradas. Durante la dinastía Sung se difundieron y sistematizaron expresiones que, todavía hoy, se conocen con el nombre de *kōan* (kung-an), y aquellos que las utilizaban aseguraban practicar «la meditación mirando dentro de las palabras» (k'an-hua ch'an). Con el chan, la idea de una experiencia religiosa más allá de las dualidades implícitas en el lenguaje tomó forma en un sistema de símbolos en el que las palabras, utilizadas como "palabras contempladas" (k'an-hua), no eran elementos del pensamiento discursivo que pudieran analizarse mediante la reflexión, sino que funcionaban como expresiones que deberían provocar una experiencia especial, algo que no ocurre con el uso corriente del lenguaje.

Según la tradición, el máximo exponente de la iluminación a través de las palabras fue Ta-hui (1089-1163), el principal discípulo de Yüan-wu. Ta-hui criticó a los que abogan por el silencio, a los defensores de la meditación sin palabras, el error en boga en aquellos días que consistía en esconderse tras la "montaña oscura" del silencio quietista. La tendencia de la mente a dejarse arrastrar por la aflicción o el entusiasmo arrastró a muchos a ponderar la práctica de la serenidad como antídoto contra la distracción mental. Esta concepción, según Ta-hui, llevaba al error de ignorar el hecho de que nuestro yo, "único gran maestro" en el camino, está más allá de la pasividad y la excitación (o, en nuestros términos, del silencio mental y del discurso mental). Por tanto, aquellos que se comprometen sólo con el silencio cometen un grave error. Basándose en el Chuang-tzu, Ta-hui añadía que cuando el sabio habla, en realidad está en silencio, y cuando la gente corriente guarda silencio, en realidad está hablando, y aquellos que intentan imitar el silencio del sabio sin hablar no comprenden lo que el Buda y los sabios hacen y dicen.

Se podría decir que el kōan comparte con el mantra ciertos aspectos de su tipología simbólica, aunque estos dos tipos de "palabras de silencio" difieren en algunas de sus características. El kōan corresponde al lenguaje corriente en cuanto a la forma y el contenido semántico; mientras que el mantra mantiene sólo una semblanza fonológica con el lenguaje común. El significado religioso del kōan es similar al del mantra, pero en su forma específica y su modo de aplicación existen diferencias sustanciales.

Una vez la tradición chan hubo desarrollado su sistema de iconos verbales más o menos invariables (los kōan), la escuela se enfrentó al desafío de convertir las "palabras repetidas" en "palabras chih-yen"; es decir, ya no era suficiente asegurar la transmisión adecuada de los símbolos (la "letra"), esas palabras tenían que seguir siendo metáforas vivas capaces de extraer una experiencia ("el espíritu") del devoto. Para lograr ese objetivo, se manejaron dos tipos de transmisión religiosa, ambas muy contextualizadas: la verbal y la ritual. El contexto ritual dirigió la práctica de la meditación, y la transmisión oral y escrita fue preservada mediante la relación gurú/discípulo y el mantenimiento de estos linajes sin interrupción.

El aspecto verbal del significado del kōan, más susceptible al análisis crítico que ese otro de la meditación, muestra claramente los diferentes niveles en los que opera dicho instrumento. En primer lugar, el kōan expresa la inefabilidad de lo sagrado, es una palabra que no pretende ser palabra común; una nopalabra. En segundo lugar representa la autoridad e invariancia de las declaraciones religiosas, la palabra de los budas y los patriarcas. Tercero, expresa la trascendencia cuando se transforma en palabra liberadora. Y, por último, encarna la inmanencia de lo sagrado, pues es la palabra que expresa todas las palabras.

La forma del kōan muestra la primacía del primero de estos cuatro aspectos. Su carácter paradójico, su inaprehensibilidad conceptual, transmite su valor religioso tan efectivamente como el contenido o significado de las palabras que lo constituyen. El "estilo" de transmisión religiosa implícito en la forma del kōan es lo que se ha llamado la *implicación hermenéutica* o aplicación de la doctrina de los medios hábiles (upāya). El kōan se ciñe además a los modos institucionalizados de transmisión cuya retórica y dialéctica parece a veces socavar la misma tradición, pero que sin embargo la refuerza.

Pero la crítica del kōan no es sólo una función específica de la tradición: con ella se pretenden desmantelar todas las dualidades construidas mediante el pensamiento conceptual. De este modo el kōan se sitúa, como el mantra, en un tercer nivel, un orden más allá de la afirmación y de la negación (en términos de la metafísica de Nāgārjuna, un orden más allá de lo que es y de lo que no es). El kōan es por tanto (como la doctrina del vacío) un medio hábil o una herramienta para quienes pretenden alcanzar el silencio y, al mismo tiempo, trascenderlo.

Éste es el principio básico del que es sin duda el más célebre de los kōan, el kōan "Mu" ("wu" en chino), que forma parte de un diálogo clásico entre un maestro zen y su discípulo. Este diálogo constituye una amalgama de elementos doctrinales junto al estilo del taoísmo y las enseñanzas budistas fundamentales, incluida la del silencio: «Un monje preguntó una vez al legendario maestro del chan Chao Chou (778-897?): "¿Tiene (ese) perro la naturaleza del Buda?". Chou replicó: "No, no la tiene"». (El equivalente chino a "No, no la tiene" es el monosílabo "wu".)

Cuando un maestro entrega un kōan a su discípulo –al menos hoy, en la práctica de meditación japonesa zen rinzai–, éste no considera el "wu" como un sí o un no, sino como un más elevado "no éste, no ése", que define la naturaleza de buda del individuo. El discípulo debe encontrar ese "no" que no es un "no" y traérselo al maestro.

Wu-men Hui-k'ai, el maestro chan que hizo del "wu" el fundamento del entrenamiento contemplativo, explica el significado y uso de este monosílabo:[27]

«La práctica de la meditación debe pasar a través de las barreras (erigidas) por los Maestros, nuestros Ancestros. Para obtener esta misteriosa realización hay que cortar completamente los caminos (habituales) de la mente... Si preguntas cuál es esa barrera de los Maestros del pasado, es simplemente una sola palabra: "wu". Ésta es la única barrera y puerta de la enseñanza ancestral. ¿Eres tú uno de esos que buscan traspasar esta barrera? Si lo eres, despierta una bola de incertidumbre en todo tu cuerpo, con sus trescientos

27. Comentario al *caso I* de la colección de kōan titulada Wu-men-kuan (en japonés: Mumokan). Dos son las colecciones principales de kōan en el budismo chan/zen: Pi-yen lu (*The Blue Cliff Records*) editados por Yüan-wu, que ya mencionamos, y la colección de Wu-men, llamada Wu-men-kuan, publicada por primera vez en 1228 y que consiste de 48 kōan compilados por Wu-men Hui-k'ai (1183-1260), también llamado Mumon, y sus comentarios en prosa poetica. Wu-men fue el abad del monasterio Lung-hsiang en China.

sesenta huesos y sus ochenta y cuatro mil poros capilares. Infunde tu cuerpo (con esa duda) al concentrarte en la palabra "wu". Día y noche llévala contigo y ponla ante tus ojos. No la tomes como un concepto de la nada vacía, ni como el "no" de "es" y "no es". Debe ser como si te hubieras tragado una bola de hierro candente que no pudieras expulsar de ninguna manera. Arroja cualquier conocimiento erróneo o comprensión que hayas adquirido ese día. Tras un tiempo (ese proceso) madurará; espontáneamente, lo interior y lo exterior se volverán uno. Como un mudo que ha tenido un sueño, tú conocerás esto, pero sólo por ti mismo.»

Atravesar la barrera del "wu" no significa recluirse en un mutismo espiritual, pues en cualquier caso el mudo deberá también despertar de su sueño. El propio Wu-men advierte contra los peligros de los que sólo buscan "unificar y pacificar" la mente y caen en el hoyo profundo de la "iluminación silenciosa". Anclarse en el silencio es tan sólo otro síntoma de la patología del lenguaje: reificación y apego. Las palabras no son ni más ni menos (aquí coinciden el tantra y el zen) que un medio de liberación.

Desde esta perspectiva, todas las palabras son, en cierto sentido, mentiras, pero, puesto que el silencio también es una mentira, ¿qué podemos entonces decir o no decir? El *caso treinta y cuatro* de la misma obra dice: «Cuando encuentres en la vereda a un hombre del camino, no lo saludes con palabras, no lo saludes con silencio. Dime, ¿cómo lo saludarás?». Se busca la palabra que pueda expresar de forma adecuada el silencio. Esa palabra, como veremos más adelante, es una palabra liberadora, un gesto liberador, la llamada "respuesta" al kōan. Y es aquí donde el uso zen de las palabras se distancia del mantra tántrico.

La palabra de los sabios ancestrales

El pasaje a través del silencio de la meditación, desde el significado literal de las palabras hasta el uso transformado de ellas, fue descrito por el maestro chino Ch'ing-yüan de la siguiente manera:

«Antes de que este viejo monje hubiera practicado la meditación durante treinta años, veía las montañas como montañas, los ríos como ríos. Después, cuando llegó a una percepción y conocimientos íntimos, alcanzó el punto donde ya no veía las montañas como montañas ni los ríos como ríos. Finalmente, ahora que ha obtenido la sustancia misma de las cosas, el lugar donde descansan, vuelve a ver con naturalidad las montañas como montañas y los ríos como ríos.»

En cierta medida, el kōan podría ser entendido como un remedio para aliviar los síntomas de la enfermedad del lenguaje, una terapia para combatir los vicios del pensamiento discursivo, un modo de escapar al círculo hermenéutico. Pero para la tradición no fue sólo un reactivo contra los males de lo discursivo sino una especie de culminación y, al mismo tiempo, la expresión de un acontecimiento cognitivo. Los kōan fueron, en este sentido, palabras de silencio. A diferencia de los sermones del Buda, no consistían en declaraciones doctrinales, aunque incorporaran a menudo elementos de esta índole; al contrario que los mantras, no representan aspectos de la budeidad, sino que son *pronunciaciones del silencio* de los sabios del pasado, los Maestros Ancestrales del linaje chan (tsung), que establecieron con ellos los fundamentos de un linaje espiritual.

La etimología tradicional de la palabra kōan tiene su *locus classicus* en los *Dichos recordados de Chung-feng*, donde leemos:

«Los kōan (kung-an) pueden compararse a los casos registrados en un tribunal de justicia. El gobernante puede imponer el orden en su reino si existe una ley. (El aspecto) público (kung) (de este proceso) es la huella dejada por todos los sabios y gente honorable, el principio más alto que sirve de guía al mundo. Son los casos genuinos registrados de declaraciones hechas por los sabios y la gente honorable en relación con el principio último. Los kōan no son la opinión privada de un individuo [...]. La palabra *kung* (público) significa que los kōan ponen fin a la comprensión privada; la palabra *an*, o "casos registrados", significa que son garantía de acuerdo entre budas y patriarcas... Mediante el [kung-an], la intención de los patriarcas se hace suficientemente clara. La mente del Buda es como un libro abierto y revelado.»

El pasaje atribuye al kōan el valor de palabra sagrada, y, por implicación, de palabra institucional, palabra de transmisión. Se trata de una declaración pública que «pone fin a la comprensión privada»; es la palabra sagrada cuya ley define los límites de la experiencia individual y, por extensión, los límites de lo que puede decirse. Pero, además, esta ley es "garantía de acuerdo" con la única verdadera experiencia, por tanto legítima, que existe, ésa que los Ancestros vivieron por primera vez. El kōan, por tanto, induce a una experiencia restringiéndola y garantiza su valor conduciéndola.

En cuanto palabra liberadora, el kōan pertenece a la categoría de conceptos budistas llamados "contraagentes" (pratipakṣa). Así, Ta-hui hablará de «una palabra que contrarreste el nacimiento y la muerte». Sin embargo, el kōan no combate el cautiverio del engaño simplemente a un nivel abstracto o doctrinal, también se lo concibe como expresión de la liberación y como medio necesario en su búsqueda.

Ya hemos visto algunas de las similitudes que el kōan guarda con el mantra: el que medita se concentra en él, y el sonido del kōan se repite en la mente (en casos excepcionales se pronuncia) hasta que el meditador «se convierte en uno con él» y captura su significado sin la intervención del pensamiento discursivo. Sin embargo, existen también importantes diferencias. El kōan, como el mantra, pasa de ser una herramienta de concentración a convertirse en el estado mismo de concentración, a hacerse uno con el sujeto meditante. Pero aquí la analogía comienza a romperse. Aunque las palabras de un kōan no representan homologías específicas, no pueden ser reemplazadas por ninguna otra palabra. Son el test que prueba la entrada en el plano del silencio, y esta prueba se cifra en la capacidad de pronunciar directamente, sin ningún género de duda, la palabra adecuada o el gesto preciso que corresponda a la experiencia, siendo su "solución" una reacción espontánea a la experiencia de la iluminación y, al mismo tiempo, la expresión pública de la experiencia privada del despertar.

El kōan puede asimismo interpretarse como la esencia íntima de todas las cosas, o mejor, como lo que expresa lo que todas las palabras expresan en el fondo. En un sentido todos los kōan, como todas las palabras, expresan la misma cosa: la naturaleza de Buda que es la naturaleza del mundo, la vacuidad. Pero cada kōan, como cada palabra, tiene una aplicación específica. La especificidad del kōan se sigue de la presencia de la plenitud de la iluminación en todas y cada una de las cosas. En diferentes contextos lingüísticos, por tanto, sólo ciertas palabras o gestos podrán actuar como expresiones correctas y adecuadas de la budeidad.

Hay otra razón por la cual los kōan ofrecen soluciones

específicas y a menudo muy concretas. A diferentes niveles de comprensión, determinadas expresiones son las más adecuadas. La tradición desarrolló esquemas para definir su uso apropiado y su contexto, y en todos ellos se confirma el papel central del lenguaje (y el significado del silencio, lo sin forma) como medio de transformación que libera al hombre de las palabras, sin eliminar la influencia de lo discursivo.

Lo que sugieren los textos de esta tradición es, por tanto, mucho más complejo que la mera alternativa "discursivo" frente a "no discursivo". Esto no quiere decir que el zen no sea una doctrina para la cual el carácter incomunicable del despertar sigue siendo capital. Pero dicha tradición, una de las empresas intelectuales más audaces que haya conocido la historia del hombre, no se detuvo ahí, y creó un lenguaje especial (los kōan) a través del cual obtener una experiencia que está en sí misma más allá de la descripción o explicación, pero que, sin embargo, es reconocible en el orden lingüístico mediante el examen del maestro. Más aún, la *experiencia inefable* y su subsiguiente lustre por medio del filtro de otros kōan debe conducir finalmente al practicante a transformar su capacidad de utilizar el lenguaje, los símbolos y la comunicación. El zen, por tanto, como la mayoría de las tradiciones budistas que hemos examinado en este capítulo, no encajaría fácilmente en una taxonomía en la que la inefabilidad y la formulación verbal fueran mutuamente excluyentes.

Conclusiones

Entre los filósofos y psicólogos de la religión del último siglo se han establecido dos posturas enfrentadas que explican el misticismo y el lenguaje en términos aparentemente incompatibles. Una declara que las afirmaciones de los místicos son concesiones renuentes al lenguaje ordinario, que cualquier descripción o formulación verbal de la experiencia mística es *ipso facto* una traición o una distorsión de una experiencia transcultural e inefable.[28] El lado opuesto afirma que no existe tal experiencia fuera de la esfera del lenguaje (a menudo considerado sinónimo de cultura e historia), y que esa experiencia mística es generada y definida (en lugar de frustrada) por formulaciones doctrinales y verbales.[29] En su formulación más extrema, esta segunda hipótesis propone que los fenómenos mentales y verbales llamados "experiencias místicas" son de hecho fenómenos lingüísticos, es decir, conceptuales. Aquellos que, en esta segunda *escuela*, aceptan que existe algún tipo de experiencia individual detrás de las afirmaciones de los místicos describen su experiencia como una "intensificación emocional" de un conocimiento discursivo.[30]

Ninguna de estas dos teorías puede dar cuenta del tipo de tratamiento budista del lenguaje que hemos examinado. En las diferentes tradiciones budistas discutidas anteriormente, la dicotomía no es simplemente lenguaje/silencio, sino una variedad de usos del lenguaje. Ciertos tipos de pronunciaciones sagradas pertenecen a órdenes de significado diferentes al del lenguaje corriente. Algunos de estos usos sagrados desplazan las formas del discurso proposicional, de

28. Stace 1960a, 1960b.
29. Katz 1978; Gimello 1978.
30. Gimello 1983 (*Studies in Chan and Hua-yen*, editado por Robert M. Gimello y Peter N. Gregory).

manera que resulta difícil (si no imposible) reducir este lenguaje sagrado a proposiciones doctrinales. Al mismo tiempo, cualquier intento de entender estos usos sagrados como mero ritual (exhibición pública) o como experiencia mística pura (suceso privado) tendrá que tener en cuenta que su lenguaje especializado pretende silenciar otros aspectos del discurso religioso con el fin de generar tanto estados mentales como exhibiciones públicas.

El lenguaje sagrado forma parte de una jerarquía de lenguaje y cognición, pero la cognición no lingüística no tiene necesariamente prioridad sobre el lenguaje. En algunos de los ejemplos presentados, ciertas formas de lenguaje tienen de hecho prioridad sobre el silencio. Sería reduccionista asumir que la experiencia que subyace a esta jerarquía pueda explicarse satisfactoriamente como no lingüística, como una intuición completamente inefable. Después de todo estamos tratando de comprender un tipo de discurso. Pero la explicación contraria sería igualmente incompleta. En los contextos que hemos considerado, el supuesto *lenguaje del misticismo* es también un lenguaje de liberación. Independientemente de que uno acepte o no los reclamos soteriológicos budistas, toda teoría del lenguaje religioso debe tener en cuenta el marco hermenéutico del practicante, que, como hemos visto, en el caso de las tradiciones budistas define ciertos elementos de la retórica religiosa como una crítica del lenguaje, como una herramienta para transformar el uso que hacemos del lenguaje y un medio para abandonar ciertas formas del discurso.

Ya se considere esta experiencia una transformación que da acceso a lo completamente inefable (Forman) o una sublimación afectiva que no es sino una "intensificación experiencial de creencias y valores" (Gimello), en ambos casos nos topamos con ciertas dificultades. La primera opción pretende eliminar las diferencias doctrinales y culturales señalando una universalidad imaginaria e ignorando aquellas afirmaciones que insisten en las dimensiones lingüísticas de la experiencia y que establecen una jerarquía del discurso. La segunda posición elimina, sin pretenderlo, la diferencia doctrinal reduciendo la dimensión experiencial a otro universal: lo psicosomático o emocional, viéndose entonces forzada a ignorar aquellos elementos que insisten en el carácter no verbal y no emocional de la transformación, o aquellos que reconocen la conexión íntima que existe entre el estado emocional y la cognición (las cogniciones apasionadas son diferentes a las cogniciones frías).

Explicar las dimensiones no verbales de la experiencia religiosa como una intensificación afectiva de lo discursivo es proponer una explicación causal basada en una falsa polaridad. Hay numerosas experiencias cotidianas en las que ni lo discursivo ni lo afectivo pueden expresar adecuadamente un cambio de conciencia o conducta. ¿Estamos diciendo, por ejemplo, que la única dimensión no verbal de aprender a montar en bicicleta o aprender a dibujar es una intensificación emocional de una construcción lingüística? O, lo que sería igualmente problemático, que en tales casos el único cambio que se produce es la adquisición de una determinada cognición discursiva culturalmente determinada. Esto no sólo sería absurdo a la luz del significado convencional de "aprender" o "experimentar", sino que es una explicación que no puede dar cuenta de la diferencia entre comprensión y realización (ejecución), entre comprensión y empatía, por no hablar del juego, la creatividad y la innovación (o del conflicto, la diferencia, el fracaso y la incomprensión).

Se podría, por supuesto, ampliar el concepto de lo "afectivo" para llevarlo hasta lo "psicosomático", pero este ensanchamiento apenas serviría, pues resulta muy difícil aislar un aspecto de la conducta humana que no sea psicosomático. La conducta no verbal es ciertamente psicosomática en el sentido de que puede involucrar un proceso de interiorización, o hacer del conocimiento parte de uno mismo. Pero el proceso no es secundario o accidental respecto al condicionamiento discursivo o cultural, no es necesariamente independiente o está causalmente desconectado del conocimiento conceptual. La mayoría de las tradiciones religiosas estarían de acuerdo en que el desarrollo no verbal o la interiorización de la doctrina religiosa es una transformación del conocimiento y no simplemente una intensificación emocional. Quizá en algunos casos este conocimiento se entienda mejor como una visión o una revelación (James 1902) y en otros como una visión interior (Cua 1981), o como sabiduría (Csikzentmihalyi 1979, 1990; Sternberger 1990), pero, sea como fuere, la transformación es de tal calibre que reducirla a lo emotivo no sería hacerle justicia.

Los ejemplos analizados en este capítulo se refieren a usos sagrados del lenguaje que no pueden constituir una modalidad independiente del lenguaje mismo, es decir, no se pueden considerar radicalmente diferentes de los usos del lenguaje corriente, pero a raíz de los testimonios de aquellos que los utilizan es evidente que para ellos este lenguaje sagrado se refiere a objetos o experiencias especiales (la cuestión queda abierta), o, como en muchos de los casos citados, es una modalidad del lenguaje que socava ciertos usos lingüísticos comunes.

Las tradiciones budistas que hemos revisado conciben estos usos del lenguaje como una ruptura que pretende alcanzar un ámbito más allá del silencio y las palabras. Estas voces argumentan que el reino dejado atrás después de la ruptura incluye las formulaciones doctrinales del budismo. En su forma más extrema, esta idea no deja lugar a dudas sobre lo que significa trascender la doctrina budista: «Si ves al Buda, mátalo...», «Si dices la palabra Buda, ve a lavarte la boca».

La cuestión decisiva no es si puede existir un lenguaje especial cuya finalidad sea expresar lo inexpresable (y por lo tanto un tipo de nolenguaje), sino el uso especial que las tradiciones budistas hicieron de este lenguaje como *tecnología del yo* (Foucault 1988), como parte de una práctica contemplativa o ascética y que examinaremos en el siguiente capítulo.

En todas las tradiciones religiosas la oposición entre lo verbal (definiciones doctrinales y preceptos) y lo no verbal (la experiencia personal) nunca se resuelve. Pero la existencia de esta dicotomía no es razón para que los investigadores tengan necesariamente que tomar partido. Por el contrario, es una razón más para tener en cuenta ambos extremos de la polaridad. Abogar por una interpretación de la experiencia religiosa que reduzca uno de los polos al otro significa eliminar o ignorar las tensiones intrínsecas que revelan las religiones y de las que deriva gran parte de su fuerza creativa.

VI. MEDIOS DE LIBERACIÓN

Este capítulo abordará la cuestión del fin y los medios en el contexto de la soteriología. Los fines de las prácticas budistas son el despertar (bodhi) y la liberación (nirvana), y para alcanzarlos es imprescindible utilizar unos medios que en la literatura sánscrita budista reciben el nombre de upāya.

El compuesto sánscrito *upāyakauśalya* designa la capacidad del bodhisattva para guiar a los seres hacia el despertar valiéndose de todos los recursos imaginables, desde métodos didácticos o de persuasión hasta el despliegue de prodigios y maravillas. Es uno de los conceptos más relevantes del mahāyāna, y en un contexto soteriológico puede denotar tanto los medios para salvarse uno mismo como las estrategias para persuadir y salvar al prójimo. Esta facultad es una de las virtudes perfectas (pāramitā) y el bodhisattva la adquiere en el séptimo estadio (bhūmi) de su carrera espiritual. Las escuelas del mahāyāna atribuyen esta virtud al propio Buda, que adaptaba su enseñanza a las necesidades espirituales y capacidades intelectuales de cada auditorio particular que las recibía.

Literalmente, *upāya* es el "medio por el cual se alcanza una meta (upeya)". Dentro de esos medios se incluyen las ideas y creencias, destinadas no sólo a persuadir, convencer o encaminar al discípulo, sino también a inspirar su búsqueda del despertar. Aunque como "medio para un fin" upāya es un término de enorme amplitud, me centraré aquí sólo en sus aspectos soteriológicos.

Como hemos visto antes, la forma de valorar y apreciar las ideas y opiniones da un giro en el mahāyāna temprano. Hasta ese momento de la historia del budismo ciertas creencias eran consideradas nocivas para la vida espiritual, mientras que otras resultaban beneficiosas (véase dṛṣṭi). Este giro respecto a la relación que el monje o el laico debían mantener con las ideas se expresa a diferentes niveles en la literatura del mahāyāna. Tanto en el nivel discursivo como en el fantástico o maravilloso, puede designarse mediante el término *upāya*, que significa "medio de hacer o lograr algo", "método", "manera", "remedio", pero que puede aludir también al medio que permite tener éxito frente al enemigo, "enfoque", "estratagema", "truco" e incluso "engaño". Se trata de uno de los conceptos más relevantes del mahāyāna, y aunque apenas está presente en los dos trabajos más influyentes de Nāgārjuna, *Fundamentos de la vía media* (Mūlamadhyamaka-kārikāḥ) y *Abandono de la discusión* (Vigraha-vyāvartanī), puede verse como la cristalización de las ideas expuestas en estas dos obras.

Los medios o estrategias de liberación relacionados con las ideas abarcan tanto las enseñanzas como los textos sagrados o las especulaciones doctrinales, pero presentan también un aspecto pedagógico: la habilidad para adaptar el propio discurso, los gestos, las palabras, el tono, a la capacidad receptiva de los seres conscientes que el bodhisattva pretende salvar. Así upāya, en el sentido virtud, tiene una connotación tanto preformativa como comunicativa: la capacidad de llegar al interlocutor y conmoverle, confortarle o inspirarle. Incluso puede llegar a ser sinónimo de "capacidad de adaptación" o "mimetismo", de la destreza para amoldarse a las necesidades y expectativas del prójimo con el fin de guiarlo e instruirlo en la vía hacia el despertar. La extraordinaria capacidad de adaptación de los bodhisattva en su tarea salvadora incluye el uso de sus poderes milagrosos y la facultad de aparecer en destinos nefastos como los infiernos para rescatar a los seres que allí habitan.

Esta flexibilidad de expresión y apariencia muestra también una dimensión filosófica (epistemológica, ontológica y axiológica). En este sentido, como concepto en el que se funden la teoría y la práctica, upāya es la capacidad de entender y aplicar las enseñanzas budistas sin apegarse a ellas, es decir, la capacidad de comprender las verdades budistas como verdades provisionales (y condicionales), como algo que existe sólo para bien de los seres, y no como algo cierto en sentido absoluto o incondicional. Las enseñanzas budistas son verdaderas porque su efecto es saludable, no porque respondan a una realidad absoluta. Este planteamiento supone una crítica del dogmatismo de una "ideología verdadera" y de los conceptos filosóficos de lo absoluto, la verdad absoluta o la realidad última. Además, el término adquiere implicaciones paradójicas tanto en el mahāyāna como en el tantra, pues si toda doctrina es un medio y no un fin, y los budas adaptan su apariencia y su discurso a las necesidades de los seres vivos, cualquier predicación de la doctrina (si no toda predicación) no es más que una ilusión de carácter provisional, una estrategia oportuna, y no la revelación absoluta de una verdad inmutable.

En la literatura del mahāyāna lo milagroso funciona como metáfora de lo discursivo, de la provisionalidad de la verdad (que es medio para un fin) y del conocimiento como ilusión (una ilusión saludable y beneficiosa). Los milagros y hazañas fantásticas que llevan a cabo los bodhisattva gracias a sus extraordinarios poderes son la metáfora radical del carácter provisional tanto de la enseñanza budista como de sus códigos de conducta. Esa provisionalidad es representada por el concepto de upāya, que sintetiza todos los medios que apuntan a un único fin: la liberación de los seres.

La idea de que las enseñanzas budistas tienen un carácter provisional se encuentra ya en algunos textos del budismo nikāya, especialmente en los de la escuela prajñaptivāda. Pero será en el mahāyāna donde esta idea se desarrolle en profundidad, sobre todo en el Sūtra del Loto. Este texto recoge la parábola del padre que, para salvar a sus hijos del incendio producido en la casa en que juegan, les miente prometiéndoles regalos ficticios para que salgan y se salven de las llamas.

Hay aquí dos puntos fundamentales. El primero guarda relación con la comunicación y la destreza en hacerse entender: las enseñanzas del Buda se adaptan a las aspiraciones y la madurez espiritual del que las recibe. El segundo recuerda que la doctrina no es sino un ardid provisional (quizá una mentira), como en la parábola citada, que tendrá que abandonarse (como la balsa al cruzar el río) una vez alcanzado el fin: la liberación o la erradicación del sufrimiento.

La idea de una verdad religiosa provisional, relativa o convencional, es extraña a buena parte de la tradición occidental moderna. Tanto las interpretaciones occidentales como el uso corriente de upāya fuera del contexto budista sugieren la idea de que un upāya es meramente un truco, una estratagema, un ardid engañoso. Las enseñanzas budistas se verían entonces reducidas a maniobras, artimañas o estratagemas. En general, la tradición occidental se adhiere consistente y persistentemente a la vigencia absoluta del principio de contradicción, y considera que si hay dos verdades, una ha de ser falsa. Los budistas, sin embargo, propusieron la idea de una o más verdades provisionales sin renunciar al principio de contradicción, y formularon la existencia de algún tipo de límite: un lugar o enunciado que representara el punto más alto (paramārtha). En el contexto de la doctrina de los medios de liberación (upāya), se asume que los enunciados doctrinales, al ser elementos del lenguaje, no pueden ser equivalentes a ese punto límite, pues todo enunciado es sólo un medio y no un fin. Pero, desde la perspectiva budista upāya, no es un mero ardid sino un medio eficaz para el logro de la liberación. El hecho de que las doctrinas budistas sean medios y no la meta misma refleja la naturaleza provisional de toda verdad humana, y esta misma provisionalidad forma parte del mensaje budista.

El concepto de upāya cobrará una gran importancia en el seno de la escolástica y su uso alcanzará también a la hermenéutica del mahāyāna. Los textos canónicos pasarán a ser susceptibles de diferentes lecturas, sin que esa variedad de interpretaciones sea considerada síntoma de inconsistencia o confusión, sino más bien una prueba de la sabiduría y versatilidad de la enseñanza del Buda. En consecuencia, con upāya se opera una apertura en la forma de leer los textos. El significado de la palabra sagrada puede ahora ser literal, metafórico o ambiguo, y este juego de diferencias enriquecerá considerablemente las interpretaciones. Pero al mismo tiempo, esa apertura provocará disputas y confusiones doctrinales. Y así, en algunos textos se observa una intención de clausurarla para dar cabida a un fundamento sólido que atenúe los efectos del pluralismo hermenéutico.

Los textos se clasifican en dos tipos: los que requieren de una interpretación guiada (neyārtha) y aquéllos cuya interpretación es literal (nitārtha). Los esfuerzos por "cerrar", al menos parcialmente, textos o pasajes, se descubren en algunas de las interpretaciones del *Sūtra del Loto*, tendentes a considerar que el texto expone las enseñanzas de un vehículo único (ekayāna) y verdadero. Pero al margen de que los textos escondan múltiples significados y requieran la mano de un intérprete que los extraiga (neyārtha), al margen de que las doctrinas sean meros puentes o instrumentos para llegar a la otra orilla, la reflexión budista no podrá prescindir de la esperanza de que en algunos símbolos de la tradición (ya sean textos, imágenes u objetos sagrados) exista un significado literal, llano, que no necesite un intérprete y se exprese por sí mismo (nītārtha).

Las *Etapas del bodhisattva* (Bodhisattva-bhūmi) de Asaṅga distingue dos clases de upāyakauśalya: los internos o autorreferentes, que son medios de autocultivo; y los externos, que sirven para salvar al prójimo. Cada uno de ellos se divide a su vez en seis clases. Los medios internos persiguen la adquisición de los atributos de un buda (Buddhadharma) y consisten en seis aspectos del conocimiento, la intención y la acción. El primero es el interés compasivo por todos los seres vivos. El segundo, la comprensión plena de todas las cosas compuestas (saṃskāra). Le sigue la aspiración al conocimiento (jñāna) del despertar (bodhi). En cuarto lugar figura el firme propósito de no abandonar el ciclo de la reencarnación y de permanecer en él. El quinto es el poder de reencarnar libre de toda turbación (kleśa). Y, por último, el empeño ardiente en la aspiración al despertar.

Por su parte, la meta perseguida a través de los medios

externos es llevar a todos los seres vivos a la madurez espiritual (sattvaparipāka), al estado más elevado que es el despertar. Para ello el bodhisattva hace crecer las raíces del bien y logra que produzcan un fruto mayor, ayuda a los demás a alcanzar esas raíces del bien multiplicadas, elimina los obstáculos que impiden la aceptación de la doctrina, conduce a la otra orilla a los que están en medio de su travesía, lleva la plena madurez a los que completan su travesía y libera a los que ya la han logrado.

Toda la antiideología y, ¿por qué no decirlo?, la ironía de upāya, el hecho de que las ideas sean siempre provisionales, medio para un fin y no un fin en sí mismas, y toda la pericia o el arte de hacer uso de esas verdades provisionales, conectado con el arte de la persuasión, se vislumbran ya, de forma embrionaria, en el *Abandono de la discusión* (Vigraha-vyāvartanī) de Nāgārjuna.

Hay un pasaje, en concreto el comentario a la estrofa 22, que aborda la cuestión de manera directa y con un tono que recuerda el pragmatismo de William James:

«Lo que llamamos vacuidad no es sino el existir en dependencia de todas las cosas. ¿Por qué? Porque las cosas carecen de naturaleza propia. Las cosas que surgen condicionadas por otras no pueden tener naturaleza propia. ¿Por qué? Porque dependen de causas y condiciones. Pues si las cosas existieran con naturaleza propia existirían independientemente de causas y condiciones. Pero no es ésa su condición…».

Acto seguido se enfrenta la cuestión más acuciante:

«Del mismo modo se sigue que mi afirmación, habiendo surgido en dependencia de causas y condiciones, carece de naturaleza propia y, debido a que carece de naturaleza propia, es vacía. Pues mis palabras son como una carreta, una jarra o un vestido, los cuales, aunque carecen de naturaleza propia por surgir en dependencia, pueden llevar a cabo sus funciones, como transportar comida, tierra y yerba, contener miel, agua y leche o proteger del frío, el viento y el calor. Del mismo modo esta aserción mía, aunque carente de naturaleza propia por ser condicionada, cumple una función: la de establecer la falta de naturaleza propia de las cosas».

Algunos textos contrastan los medios de liberación (upāya) con el discernimiento perfecto (prajñāpāramitā). En ellos la destreza en el manejo de los medios de liberación se opone al discernimiento perfecto que el bodhisattva tiene de la naturaleza del mundo. En ocasiones el dominio en el uso de estos medios se refleja en la literatura como una expresión desarrollada del discernimiento (prajñā) o como uno de los aspectos del conocimiento liberador (jñāna). Pues esa misma habilidad consiste en la capacidad de comprender que la liberación no contradice la realidad del mundo cotidiano. Ésta es una nueva forma de decir lo que ya adelantó Nāgārjuna en sus *Fundamentos de la vía media* (25.19): «El océano de las existencias (saṃsāra) no es diferente del mundo del nirvana».

Filosóficamente, a la escolástica se le planteaba un problema: si toda la enseñanza y toda afirmación doctrinal eran sólo una verdad convencional, un medio para un fin, la idea misma de la liberación, o su motivo (el mundo del saṃsāra es impermanente y por tanto doloroso), adquiriría también un tinte perecedero y caduco, sería una verdad sólo a medias. Como muestra la cita del *Abandono de la discusión*, Nāgārjuna atisbó el problema sin dudar ni escamotearlo. Asumió, siempre provisionalmente, la verdad misma de la necesidad de librarse del sufrimiento y alcanzar el despertar.

Otras fuentes analizan la dualidad upāyaprajñā de manera más polémica. La maestría en el uso de los medios de liberación podía de algún modo impedir el acceso al conocimiento no dual de la realidad (advayajñāna) y al discernimiento liberador. Por ejemplo, en las *Enseñanzas de Vimalakīrti* se dice que el bodhisattva que practica los medios sin el discernimiento o el discernimiento sin los medios yerra en el camino. Estos textos abogan por una compensación al hecho de que la doctrina sea considerada provisional, oportuna, y pueda quedar reducida a mero truco o ardid. Se trata de una tensión lógica entre una vía de liberación que niega la realidad del mundo y la enseñanza, y una vía de salvación como doctrina ética. Esta tensión no terminará de resolverse nunca y se convertirá en resorte de muchas de las energías creativas del pensamiento del mahāyāna.

La tradición tántrica concebirá la fusión del discernimiento (prajñā) de la verdad y la maestría en el uso de los medios (upāya) como un coito espiritual. Así, en el marco de su iconografía y objetos rituales, los medios son representados por una campana ritual (ghaṇṭa) que se une al vajra, símbolo del discernimiento. Por tanto, para la simbología tántrica, upāya es el elemento masculino que se contrapone al poder en potencia del discernimiento (prajñā), que, como la sabiduría en Occidente, es potencia femenina.

Ética

En la literatura budista, usualmente los buenos hábitos, la moral y la ética son designados por el término sánscrito *śīla*. La tradición reconoce varios códigos diferentes de reglas de conducta, distintas formas de observancia y ritualización de los códigos éticos y diversas teorías sobre el valor soteriológico de la cultura ética. Los códigos ascéticos y monásticos se encuentran imbricados entre sí y no siempre es fácil distinguirlos. A menudo forman complejos mosaicos con los principios éticos generales, que se aplican tanto a la vida monástica como a la secular.

Los *cinco preceptos* (pañcaśīla) son el principio ético fundamental o la moral general. En la literatura canónica, y hoy día en los países de filiación theravāda, se los denomina "la moral quíntuple". Estos cinco preceptos figuran en muchos de los textos canónicos como la *Colección de diálogos* (Saṃyutta-nikāya), los *Diálogos largos* (Dīgha-nikāya) o los *Diálogos numerados* (Aṅguttara-nikāya). Son los siguientes:

(1) No matar, incitar a matar o consentir que se mate a ningún ser vivo. (2) No tomar lo que no nos ha sido dado, no incitar a otro a robar ni consentir el robo. (3) Llevar una vida casta. Para el laico implica la fidelidad a su cónyuge y no desear a la mujer o al hombre ajenos. Para el monje o la monja supone la castidad completa. (4) No pronunciar palabras falsas, ni incitar a otros a mentir ni consentir la mentira. (5) No tomar bebidas embriagantes, no incitar a otros a tomarlas ni consentir que otro las tome.

Entre los theravādin, estos cinco principios se adoptan o se ensayan en ritos confesionales.

Diez preceptos de la conducta recta

Se trata de un código ampliado que puede incluir ocho o diez principios de conducta recta. Como decálogo esta tradición se conoce como los *diez principios de conducta saludable* (kuśalakarmapatha), recogidos en textos como el Vibhaṅga o el Aṅguttara-nikāya. Suelen dividirse en tres categorías de conducta:

(1) La conducta sana del cuerpo se prescribe en los tres primeros principios, que recomiendan no hacer daño a ningún ser vivo, no tomar lo que no se nos ha dado, y evitar todo placer sexual prohibido.

(2) La conducta sana del habla es el tema de los cuatro principios siguientes: no pronunciar palabras falsas, palabras ásperas o agresivas, palabras de oprobio o calumnia, y palabras frívolas.

(3) La conducta sana del pensamiento se plantea en los últimos tres principios: superar los estados mentales que nacen de la concupiscencia, los que nacen de la animadversión y la estupidez (las creencias falsas), y los tres efectos distorsionadores (kleśa) que contaminan la aprehensión de la realidad.

En Asia oriental, esta versión del decálogo adoptó otras formas, de entre las cuales la más famosa es la versión del sūtra pseudoepígrafo, que se conoce como *La red del Brahmán* (Brahmajāla-sūtra). Los primeros cuatro principios son idénticos a las primeras cinco reglas de la "moral general"; el quinto aconseja «no vender bebidas embriagantes»; el sexto no hablar de las faltas de los miembros de la comunidad (saṅgha); el séptimo no ensalzarse a sí mismo ni censurar al prójimo; los dos siguientes corresponden al octavo y el noveno del decálogo; y el décimo principio establece no denigrar a ninguna de las *tres joyas*: el Buda, la doctrina y la comunidad budista (buddha, dharma, saṅgha). Esta versión del decálogo es parte integrante de los ritos del voto del bodhisattva, especialmente en China, aunque a menudo acompaña otros ritos de Corea y Japón.

Como se puede observar, no resulta fácil separar el código moral del ritual y de la vida monástica (que para la mayor parte de los budistas es la forma ideal de existencia).

Códigos monásticos

Los códigos conventuales se basan en la tradición de los preceptos de los prātimokṣa, que integran una gran variedad de tipos de códigos, que suelen contener más de doscientas reglas e incluyen principios de moral universal junto a reglas de protocolo y etiqueta. La comunidad budista recita estas reglas en una ceremonia ritual llamada *uposatha* y que constituye una de las principales festividades del budismo, sobre todo en países de filiación theravāda del sudeste asiático, los días de cuarto de luna. En ese sentido es un ejemplo más, si no el más antiguo, de la fusión de rito y regla. Los códigos de este género pueden entenderse como fenómenos religioso-culturales similares a las reglas rabínicas o a las reglas monásticas de las tradiciones cristianas de las iglesias de filiación griega y romana.

Los códigos monásticos funcionan a menudo como guías de entrenamiento (śikṣā) y de autocontrol o dominio de sí (saṃvāra). Así, a veces se resumen en códigos cortos como la moral óctuple (aṣṭaṅgikaśīla) en colecciones como el Aṅguttara-nikāya, que sirve de modelo ascético y código provisional para los laicos que participan en el uposatha. Se constituye añadiendo tres principios a los cinco preceptos, a saber: comer sólo una vez al día, no comer por la tarde o a otra hora no permitida; no asistir a espectáculos o ferias donde se baila, se toca música o se canta, y no acicalarse con guirnaldas, perfumes, ungüentos, cosméticos o joyas; y, por ultimo, no dormir en una cama alta o ancha. Es fácil advertir que se trata de una combinación de reglas éticas con reglas monásticas. En ocasiones estas reglas se aplican al novicio como reglas de entrenamiento (cūlaśīla), como en el Dīgha-nikāya.

Existe también un código de diez reglas de preparación o entrenamiento (śikṣāpāda) que son las que adopta el novicio hasta el momento de su ordenación, cuando asume todas las reglas del prātimokṣa. Consta de las seis primeras reglas de la moral óctuple seguidas de las siguientes cuatro: séptima, no asistir a los espectáculos y ferias donde se celebran bailes, se toca música o se canta; octavo, no acicalarse con guirnaldas, perfumes, ungüentos, cosméticos o joyas; noveno, no dormir en una cama alta o ancha, y décimo, no aceptar o acumular oro o plata.

En las *Etapas de bodhisattva* (Bodhisattva-bhūmi), Asaṅga describe la moral del bodhisattva (bodhisattvaśīla) mediante tres niveles o aspectos: la moral del precepto, que es principalmente una moral de abstinencia o freno (saṁvāra); la moral de la virtud o del cultivo de estados, cualidades y acciones saludables (kuśala), y la moral altruista, que consiste en hacer el bien al prójimo (parārtha o sattvārtha) supeditando el interés propio al ajeno.

En un sentido restringido (como observancia de la regla moral y dominio de los impulsos nocivos), śīla es también la segunda de las seis (a veces diez) virtudes perfectas (pāramitā). No obstante, como moral perfecta, śīla no se diferencia claramente de la generosidad (dāna) y la aceptación paciente (kṣānti), virtudes que representan, respectivamente, las dimensiones altruista y cognitiva de la virtud.

VII. MEDITACIÓN

«Del propio cuerpo puede surgir otro cuerpo que tiene los componentes y la forma de un cuerpo material, pero que está hecho de mente.»

Dīgha-nikāya

Meditación

La palabra "meditación" presenta cierta afinidad, en su uso común, con el término budista sánscrito *dhyāna*: un cambio en la conciencia que suele llevarse a cabo intencionalmente, en silencio y con el cuerpo en posición estática, la mayoría de las veces sentado y con las piernas cruzadas. El prestigio de estas *tecnologías del yo* se debe a que la práctica de la meditación se asocia, en el ámbito cultural indo-tibetano, con la sabiduría, la serenidad y los poderes extraordinarios (tanto físicos como mentales). El término se vincula también a la disciplina mental y corporal y a métodos sistemáticos del cultivo personal (*experimentos con uno mismo*) relacionados con estilos de vida monásticos o ermitaños.

Las teorías budistas de la meditación consideran que el objetivo de estas prácticas es lograr un estado de profunda calma y concentración, llamado samādhi, que a su vez puede servir de fundamento a una visión clara (vipaśyanā) capaz de diferenciar lo real de lo irreal. Dicha calma perfecta y concentración puede además ser manantial de visiones extraordinarias y fuente de prodigiosos poderes.

Cuando la mente está «concentrada, pura, translúcida, inmaculada, flexible, libre de problemas y confusión» es capaz de desarrollar maravillosos poderes. Por ejemplo, «del propio cuerpo puede surgir otro cuerpo que tiene los componentes y la forma de un cuerpo material pero que está hecho de mente. [Y uno] aplica y dirige su mente hacia la obtención de poderes maravillosos... Aunque [esta persona es] una se convierte en muchos, o habiéndose convertido en muchos se convierte de nuevo en uno, puede hacerse invisible y de nuevo visible» (Dīgha-nikāya 1. 77-78).

La mente concentrada y en perfecta calma puede conducir a niveles extraordinarios de conocimiento, especialmente a una visión interna de la realidad que libera al que medita de las ataduras del sufrimiento, como describen estos pasajes del Dīgha-nikāya.

Se dirige la mente hacia esa visión interior que proviene del conocimiento. Y se distingue claramente: «Mi cuerpo está hecho de materia..., producido por un padre y una madre, y alimentado continuamente con arroz hervido y jugos... Está sujeto a decadencia, deterioro, disolución y desintegración. Esta conciencia mía también depende del cuerpo y está atada a éste» (1.76). «[Así] conoce cómo es realmente el sufrimiento, cuál es el origen del sufrimiento y cuál la cesación del mismo, y, conociéndolos, encuentras el camino que lleva a la erradicación del sufrimiento» (1. 83).

Entre la escolástica budista y las élites letradas, generalmente este segundo fruto de la meditación ha sido considerado el más valioso, puesto que facilita la penetración en la naturaleza de la realidad y la liberación de las ataduras del sufrimiento y del renacer. No obstante, la meditación es también una práctica de seres encarnados, y se valora como un poder de transformación en el mundo encarnado.

La meditación y el cuerpo

Las posturas corporales que adopta el meditante imitan las posturas del propio Buda, en general sentado con las piernas cruzadas en la posición del loto. El acto de meditar es, por así decir, una forma de representar el objetivo de la meditación: convertirse en un buda. Se aconseja "sentarse en un asiento blando y confortable" y adoptar "la postura de piernas cruzadas", conocida como la postura del buda Vairocana.

Además, hay otros aspectos del cuerpo y la mente que deben conformarse a la imagen ideal de un buda, enumerados en el primer *Tratado sobre el cultivo graduado* (Bhāvanā-krama) de Kamalaśīla. Estas instrucciones, escritas en el Tibet en el siglo VIII, no difieren sustancialmente de las que se imparten a los principiantes en otras tradiciones budistas. Veámoslas:

Los ojos ni abiertos ni cerrados y dirigidos hacia la punta de la nariz. El cuerpo erguido, ni repantigado ni rígido. La atención hacia dentro. Los hombros a la misma altura. La cabeza recta sin doblar el cuello ni hacia delante ni hacia atrás ni hacia los lados, la nariz alineada con el ombligo. Los dientes y los labios entornados, la lengua apoyada en las encías de los dientes superiores. La respiración inaudible, ni honda ni rápida; inspirar y espirar despacio y sin esfuerzo.

Pero no sólo la posición del loto sirve a la meditación, hay otras muchas posturas dotadas de una importancia similar. La meditación mientras se camina, por ejemplo, refleja el paso y el porte de un despierto. En algunas ocasiones se prescribe a los monjes que duerman en la posición recostada del Buda en el nirvana mientras permanecen atentos a la muerte y la liberación.

Algunas tradiciones establecieron correspondencias entre cuerpo y mente asociando los diversos estadios o experiencias de la meditación con diferentes partes del cuerpo. Tales concepciones fueron centrales en el tantra, especialmente en la India, aunque la idea acabó manifestándose también en Asia oriental. Según esta teoría, varios "centros nerviosos espirituales" (cakra) organizan la interfaz entre la experiencia meditativa y la corporal. Se localizan entre ocho y cinco cakra a lo largo de la columna vertebral, o lo que la tradición ha llamado «las dos venas o conductos de la energía espiritual». Durante el proceso de la meditación, esta energía que a menudo se concibe como un fluido, es llevada arriba o abajo y concentrada en cada uno de los cakra: desde la zona más baja de los genitales o esfínter hasta el área del plexo solar, el corazón, la laringe, los ojos y la coronilla. La acumulación de energía en el cakra superior supone generalmente la culminación del proceso de la meditación, aunque cada cakra tiene un valor espiritual particular.

En la práctica de la meditación de la atención (lo que en inglés se denomina, de forma un tanto altisonante, *mindfullness meditation*) se produce una localización de la meditación en el cuerpo menos técnica que la anterior, donde el ejercicio principal consiste en cultivar una conciencia clara del propio cuerpo, de la respiración, movimientos, funciones y sensaciones. Así, en la meditación zen hay una retórica común del cuerpo que no sólo enfatiza la postura correcta, sino que sugiere que el pensamiento no conceptual se localiza en el vientre (hara) y no en la cabeza.

El cuerpo como objeto de la meditación

Los textos clásicos de la India describen varias formas de pensar o analizar mentalmente el cuerpo en sus componentes y procesos. Una de las más curiosas aconseja al practicante sentarse junto a un cadáver para tomar conciencia de su propia mortalidad, de la fragilidad y corrupción del cuerpo y la imposibilidad de encontrar un yo permanente. Esta forma de meditación se conoce como el "cultivo de lo impuro" (aśubhabhāvanā), pues la práctica consiste en comprender que el cuerpo vivo comparte la naturaleza del cadáver putrefacto.

Dicho procedimiento pervive en algunos rincones de los países de tradición theravāda, donde los monjes visitan los hospitales y los depósitos de cadáveres que albergan restos mortales de indigentes o personas anónimas. La práctica más común consiste en colocar un esqueleto o una calavera en algún lugar del monasterio con el fin de reflexionar sobre el propio yo, usando el cuerpo de otro para imaginar el propio como objeto de la meditación.

En el Tibet, esta tradición tuvo eco en ciertas costumbres locales en las que los muertos eran expuestos para facilitar la meditación tradicional sobre el cadáver. Pero aún más típica del budismo tibetano es la práctica del gcod (chöd), una compleja secuencia de actos meditativos y performativos destinados a provocar experiencias de disolución corporal. El que medita, instruido por un experto maestro que conoce las invocaciones adecuadas y los ruegos de protección, se imagina a sí mismo siendo devorado en diferentes "festines". Por ejemplo, en el "festín rojo" se visualiza la desmembración del cuerpo y su descuartizamiento en piezas sangrientas que son ofrecidas al paladar de los demonios. En el "festín blanco" se transforma cada parte del cuerpo en una zona idealizada y pura del universo que hará las delicias de los dioses. El nuevo cuerpo santificado será la ambrosía y el alimento de bondadosas deidades.

Uno de los objetivos del tantra es la transformación del cuerpo en un cuerpo espiritual a través de la práctica de la meditación y el ritual. En este sentido, el uso ritual de gestos simbólicos hechos con las manos, llamados mudra, "sellos" sagrados, sirve como principio unificador de la transformación de la persona mediante una representación artística, ritual y meditativa. Aunque muchos de ellos se utilizan en la India como gestos de manos comunes, para saludarse por ejemplo, se consideran a su vez gestos del Buda. Su asociación con el Buda queda confirmada por su aparición en muchas de las imágenes del iluminado y por la atribución de un significado secreto o esotérico a dichos signos.

Marcos rituales de la meditación

La encarnación también forma parte de las relaciones entre meditación y ritual. La mayoría de las formas de meditación tienen lugar en un marco ritual o simbólico y siguen instrucciones muy específicas. En muchos casos las sesiones de meditación son preparadas, planificadas, adornadas y etiquetadas de una forma "adecuada" o "similar a la del Buda". Estas formas se consideran parte integrante, si no culminación, de una vida religiosa que exige una preparación moral y ciertas descripciones de lo que uno debería esperar del ejercicio ritual de la meditacion. Al margen de dichas expectativas doctrinales, relacionadas tanto con los valores éticos como con los hábitos culturales, la meditación budista está usualmente enmarcada por rituales que la planifican y dirigen.

En Asia oriental y el Tibet se conserva una vieja tradición de preliminares a la meditación ritual. Ciertas costumbres y manuales de instrucciones sirven a la consagración de estas prácticas, tales como limpiar y adornar ritualmente el lugar de la meditación, preparar un altar o imagen, ofrecer flores y agua perfumada y enmarcar el período de la meditación mediante rituales secundarios como el séptuple acto de adoración o la invocación de deidades protectoras. De hecho, la meditación y el ritual a menudo forman una red de actividades que incluyen no sólo meditaciones silenciosas y ceremonias públicas, sino también cantos, recitaciones y circunvalaciones que tienen un carácter ambiguo y oscilan entre la meditación y el ritual, entre la reflexión profunda y la lectura mecánica.

Por otro lado, ciertas meditaciones especiales sirven de ejercicios preparatorios. Por ejemplo, la tradición tibetana recomienda a menudo la práctica de dos tipos de preliminares (ngöndro-). El primero de ellos, los llamados "preliminares externos", suele hacer las veces de meditación estándar o común para el principiante. Consiste en meditar con recogimiento sobre los siguientes temas: el valor del renacimiento humano, la impermanencia, las vicisitudes del karma y el sufrimiento de los seres vivos. El segundo tipo lo forman los "preliminares internos", actividades de purificación cuyo objetivo es neutralizar las principales pasiones. En este caso, el orgullo se combate con la toma del refugio y con diez mil postraciones; los celos cultivando la aspiración al despertar por el bien de los seres; el odio recitando el mantra de cien sílabas de Vajrasattva; el ansia mediante la ofrenda de un maṇḍala, y el engaño visualizando al propio maestro como idéntico a la deidad protectora del que medita (práctica llamada guruyoga).

Cultura mental

La asociación de la meditación y el ritual no pretende minimizar la importancia de la meditación como medio de autocultivo y tratamiento de los contenidos de la mente. La escolástica de la India canonizó un esquema antiguo (quizá prebudista) que concebía la meditación como una combinación de dos tipos de ejercicio mental. Uno era el propio dhyāna, que consistía en una serie de técnicas para lograr la calma (śamatha) y la concentración (samādhi), y era la fuente principal de los poderes extraordinarios, pero que, en sí mismo, no conducía a la liberación. El segundo, el ejercicio de la facultad del conocimiento (jñāna) mediante la perspectiva adecuada (darśana), incluía la práctica de la calma, la observación clara (vipaśyanā) y el cultivo del discernimiento (prajñā).

Muchas de las teorías budistas sobre la meditación consideran ambos aspectos necesarios para el logro de la liberación, pero sostienen que la penetración correcta es el único componente enteramente budista en esta práctica conjunta. Sin embargo, las técnicas de la calma y las del discernimiento a menudo se superponen. Por ejemplo, el abhidharma tendió a agrupar ciertas técnicas y objetos de meditación que eran fundamentalmente considerados medios para el desarrollo de la concentración, pero que podían usarse como apoyo para desarrollar el discernimiento. Muchas de estas listas mezclan de hecho objetos, estilos y estados de meditación. En tales inventarios, explicados por Buddhaghosa en su *Vía de purificación* (Visuddhi-magga), aparecen cuarenta "campos" del cultivo de la meditación (kammaṭṭhāna). La lista incluye categorías heterogéneas como una jerarquía de estados de meditación (los cuatro dhyāna), estados-objeto (estados sin atadura o brahmavihāra), objetos en general (materiales o corporales) y herramientas particulares (diseñadas específicamente como ayuda para la meditación).

La heterogénea lista de Buddhaghosa es un buen ejemplo de las diferentes dimensiones de la meditación y sus distintas técnicas. Entre las "herramientas" para meditar se incluyen los objetos totales u omniabarcantes, que se suelen indicar con su nombre en pāli: kasiṇa. Pueden ser simples objetos visuales que se convierten en un único objeto neutral de atención. Un kasiṇa rojo es, por ejemplo, un círculo de arena roja o de arcilla dibujado en el suelo mediante el cual se intentará apartar todo pensamiento fijando la atención en él, incluso cuando el meditante ya se haya marchado del lugar. El resultado es un estado de perfecta calma y concentración que puede servir de cimiento a poderes psíquicos excepcionales o ser útil como preliminar a una meditación reveladora.

Prácticas de recogimiento mental

Los estados de la meditación, como sus técnicas y objetos, no pueden clasificarse fácilmente ni distinguirse de los estados de serenidad, los procesos de observación o los instantes de penetración. Por ejemplo, la práctica del recogimiento de la atención y la conciencia (smṛti) puede usarse de forma emblemática para interiorizar conceptos que abarcan tanto la calma mental concentrada como la observación penetrante, confundiéndose así la distinción entre objeto, proceso y meta.

El recogimiento de la atención abarca todo un espectro de estados mentales que la tradición llama "memoria" o "traer a la mente" (significado literal de smṛti), y que se superponen a prácticas de recogimiento vigilante (anusmṛti). Como término superordinado, smṛti se refiere a tres prácticas relacionadas: en primer lugar a la vigilancia respecto al comportamiento y la conducta; segundo, al acto de traer a la mente (recordar) y mantener en ella (retener) un objeto de meditación prescrito, y, por último, a dirigir constantemente la atención a dicho objeto y hacerlo consciente, especialmente los procesos de la mente y del cuerpo del que medita.

El primer uso, vigilar la propia conciencia, encajaría mejor en el contexto de las reglas monásticas de comportamiento. Consiste en ser en todo momento consciente de la conducta y la postura corporal, el tono de la voz, la mirada, etc., con el objetivo de mantener la mente y el cuerpo, el pensamiento y los sentidos, dominados. Esta dimensión de la práctica es a menudo ignorada en las descripciones occidentales de la meditación pero se describe en numerosas ocasiones en la literatura clásica bajo las rúbricas de saṃvāra (autodominio) y śikṣa (entrenamiento). Aunque pertenece a las prácticas monásticas, ocupa la atención de importantes tratados como la *Iniciación en la práctica del despertar* (Bodhicaryāvatāra) de Śāntideva y el Xiao-zhiguan atribuido a Zhiyi.

Las técnicas de recogimiento del segundo tipo (recordar y retener los objetos prescritos para la meditación) se basan en recordar ideas, recordar imágenes sensoriales y evocar estados afectivos. En la práctica clásica de anusmṛti en la India se requiere que el meditador traiga a la mente uno de los siguientes objetos ideales: el Buda (buddha), su enseñanza (dharma), la comunidad de sus nobles discípulos (saṅgha), los buenos hábitos morales (śīla), actos de generosidad (dāna) y divinidades (deva). El meditante trae primero a la mente la descripción tradicional del tema elegido, y luego pasa revista discursivamente a las buenas cualidades asociadas con ese tema.

Una método que no se llama explícitamente smṛti pero que implica un sistemático traer a la mente estados afectivos es la práctica denominada "establecimiento en las sublimes moradas" (brahmavihāra, también conocida como "estados sin atadura"). Cuatro de tales estados son la benevolencia, la compasión, la alegría y la ecuanimidad. En una de sus formas más comunes (recomendada y ejercitada en el ámbito theravāda) el practicante desarrolla pensamientos de benevolencia hacia una persona que le resulta indiferente, luego hacia un amigo, después hacia un enemigo y finalmente hacia todos los seres vivos, infundiendo pensamientos benévolos al universo entero. Luego se desarrollan los otros tres estados afectivos según el mismo procedimiento.

Un tercer tipo de smṛti, llamado "práctica de la atención"

(smṛtyupasthāna; en pāli satipaṭṭhāna), es la atención misma, un traer a la mente estados mentales y corporales y las condiciones que afectan a dichos estados. Una vez recogidos, se mantienen en la ventanilla de la atención y se observan conscientemente.

Tradicionalmente se destacan cuatro de estos objetos: el cuerpo, las sensaciones corporales, la mente (la corriente de pensamientos) y los dharma (verdades o ideas doctrinales). Sin embargo, todos ellos están incluidos en una sola práctica: la "conciencia de la respiración" (ānāpana smṛti), que actúa como preparación para el ejercicio de los otros cuatro. Podría decirse que la propia conciencia es un tipo de práctica de penetración (vipaśyana), aunque como "consciencia serena" es un requisito para la observación aguda. La observación se formula usualmente como sigue: «qué está haciendo mi cuerpo» o «qué está haciendo mi mente en este momento».

A finales del siglo XIX y comienzos del XX varios monjes budistas de Myanmar realizaron una reforma de la práctica de la meditación budista. Algunos líderes criticaron el excesivo énfasis en el samādhi (como retiro mental y poder espiritual) y propusieron una forma de meditación directa en la cual la atención fuera fundamentalmente una técnica y una penetración en la meta última. Este enfoque, presentado de diferentes maneras, se conoció como "conciencia" (*satipaṭṭhāna* en pāli; *mindfullness* en inglés) o "penetración" (*vipassanā* en pāli; *insight* en inglés). La práctica prototípica fue la conciencia de la respiración, pero fueron ponderadas también otras formas de conciencia atenta y recogimiento. La meditación mediante la penetración o meditación reveladora (*insight meditation* en la literatura en inglés) se prestó a la práctica de los laicos, y pronto satisfizo las necesidades de una nueva clase media secular moderna en el sudeste asiático y de los jóvenes occidentales que fueron a Asia en busca del dharma.

Concentración serena (samādhi) y visión penetrante (vipaśyanā, prajñā)

Los defensores contemporáneos de los métodos de la atención y la visión penetrante juzgan tales prácticas autosuficientes, tal y como sugieren algunos textos como el Satipaṭṭhāna-sutta (Majjhima-nikāya 1, 55-63). Sin embargo, la postura escolástica más común en la época clásica defendía que las técnicas favorecían que el cuerpo y la mente se volvieran dúctiles y maleables, serenos y concentrados, y servían de base a una cultura mental.

En este contexto, el samādhi (concentración serena) se refiere a toda una serie de técnicas compartidas por otras religiones de la India, pero la literatura normativa budista generalmente las considera preparatorias y no un objetivo en sí mismo. Aunque incluso hoy se busca el estado de samādhi, la meta más elevada y normativa es la visión penetrante que en principio conduce a la liberación del sufrimiento y del ciclo del renacimiento y la muerte.

Esta visión penetrante no es simplemente un "mirar" o "ver" sino un análisis de la realidad o de la verdad, y no se pueden separar fácilmente las cuestiones intelectuales o doctrinales. La tradición clásica de la India acepta a veces la posibilidad de que la visión penetrante pueda ocurrir sin el cultivo de la concentración serena. La integración de ambas no siempre se produce, pero en muchas tradiciones se reconoce la necesidad de aunarlas, incluso cuando se realza una más que la otra. Esa complementariedad se justifica en función de dos suposiciones. En primer lugar se dice que serenar la mente permitirá una visión penetrante y clara, y que los objetos utilizados como base de dicha serenidad también pueden usarse como objetos de investigación de la visión penetrante. En segundo lugar se considera que el objetivo de la vision penetrante es el discernimiento o la comprensión nítida (prajñā) y que ésta nunca se alcanzaría sin el cultivo (bhāvanā) de la penetración, acompañado de la perfecta calma y concentración.

Meditación en el mahāyāna

La mayoría de las corrientes budistas de la India –ya se identificaran como comunidades nikāya o mahāyāna– tendieron a moldear la meditación de acuerdo con elementos que provienen de un conjunto de prácticas comunes. Éstas corresponden en general a las técnicas recogidas en los cuarenta kammaṭṭhāna y pueden encontrarse también en los manuales prácticos (manuales yogācāra). En ocasiones estas recomendaciones fueron incorporadas a largos tratados doctrinales, como el enciclopédico Yogācāra-bhūmi, atribuido a Asaṅga.

La meditación mahāyāna de la India aprovechó algunas variantes de un trasfondo común de prácticas procedentes de tradiciones no mahāyāna. Los textos mahāyāna recomiendan, por ejemplo, la práctica de estados sin atadura, la meditación sobre el cadáver (aśubhabhāvanā) y el ejercicio de la atención. Muchos de estos procedimientos se difundieron en regiones fuera de la India donde imperaba el mahāyāna, y sus versiones no difieren mucho de las que encontramos en los textos clásicos sánscritos.

Pero tanto en la India como fuera de ella hubo algunas innovaciones. Algunos autores mahāyāna criticaron la noción de la impureza y suciedad (aśubha) del cuerpo insistiendo en la importancia de su vacuidad y en que se concibiera vacío tanto de sustancia como de característica. Hay aquí un desplazamiento de lo religioso a lo filosófico, de la idea de lo sagrado (obsesionada con lo puro y lo impuro) a la idea de lo condicionado, de carácter más epistemológico. En consonancia, la meditación clásica en los estados mentales (citta), que se basaba en la distinción entre estados saludables (kuśala) y perjudiciales (akuśala), cambió de forma considerable como consecuencia de la dialéctica mahāyāna. El meditador comenzaba a preguntarse si sus propios pensamientos, buenos o malos, podrían localizarse en algún lugar: «¿De dónde vienen, adónde van, dónde están? ¿Dentro o fuera de mí? ¿O en un lugar intermedio?».

El Bodhicaryāvatāra de Śāntideva describe una compleja meditación sobre la compasión y la carencia de yo que se convirtió en clásica en el Tibet, al tiempo que ha fascinado a Occidente durante casi un siglo. Dicha meditación consta de dos partes: la identificación del yo con los otros y la revisión de los roles entre el yo y los otros. La primera parte de la meditación consiste en explorar los límites del yo y las suposiciones que nos hacen establecer dichos límites; por ejemplo, reflexionar sobre el hecho de que el sufrimiento es el mismo en todos los seres, y por tanto nuestro impulso natural a evitarlo tiene más sentido como un deseo de proteger todas las cosas vivas que como un deseo egoísta de protegernos a nosotros mismos a expensas de los demás.

En la segunda parte de la meditación, Śāntideva imagina a otra persona, alguien menos afortunado. Asume entonces el papel de ese otro y lo imagina mirando a Śāntideva con envidia, reprochándole su orgullo y falta de sensibilidad, que le hace ver a los menos afortunados como inferiores, en lugar de como la única razón de su existencia. Pues sólo los que sufren justifican la existencia del que recorre el camino budista, cuyo fin es servir a los demás.

Un siglo después fue escrito el *Tratado del cultivo graduado* (Bhāvanā-krama) de Kamalaśīla, que describe también las prácticas del mahāyāna y bebe de la tradición yogācāra. Compuesto por tres secciones, la segunda registra una práctica clásica del mahāyāna que utiliza los estados sin atadura (āpramāṇya) para generar una *gran compasión* que motivará la búsqueda del despertar. El mismo texto da cuenta de la meditación en la vacuidad, que parte del análisis de la materia del abhidharma, pasando por el análisis yogācāra de la mente y sus contenidos, y culmina en un estado de samādhi vacío de cualquier contenido conceptual (animitta samādhi), en el que puede darse un conocimiento liberador no dual (advayajñāna).

Prácticas tántricas

Las tradiciones tántricas difundieron algunas de las prácticas descritas y adoptaron otras del entorno donde se desarrollaron. En las sesiones de meditación tántrica se entremezclan elementos de diferentes períodos y corrientes.

Dichas sesiones, llamadas *sādhanā* (realización), son una mezcla de evocación y visualización superpuestas a una liturgia clásica mahāyāna.

En el sādhanā destacan tres características de la meditación tántrica; dos de ellas pueden ser observadas desde fuera, la otra sólo puede experimentarla el practicante. En primer lugar, los ejercicios de meditación toman la forma de una compleja liturgia; son actos rituales que pueden o no incluir la meditación propiamente dicha, pues a menudo la puesta en escena de la liturgia se considera tan efectiva como los progresos internos en la mente del meditante. Ello no quiere decir que una meditación silenciosa no pueda añadirse a esta práctica. La línea divisoria entre la meditación incluida en un ritual y la liturgia que pretende mostrar públicamente el poder y la estructura de dicha meditación es a menudo borrosa.

Segundo, hay un énfasis evidente en la estimulación de los sentidos, y este carácter sensorial impregna toda práctica tántrica. Se usa y se estimula la vista mediante toda una serie de elementos multicolores, como ofrendas, componentes rituales y los maṇḍala (representaciónes gráficas que organizan tanto el ritual como el proceso interno de meditación). Se excita el olfato por medio de incienso y flores, el oído mediante la recitación y dirigiendo la meditación a través de fórmulas rituales (mantras) y sílabas (bīja).

La tercera característica es menos palpable. Lo que ocurre en las meditaciones litúrgicas del tantra se dice a menudo que depende o es inducido por un proceso sensorial interno del practicante, que se suele llamar "visualización". Los instructores piden al practicante que "vea" algo en su mente o en su corazón. Este objeto debe retenerse en la mente durante un tiempo excluyendo todo lo demás, y sirve entonces de kasiṇa.

Aunque algunos intérpretes occidentales han cuestionado el significado de estas instrucciones, parece evidente que al practicante se le pide que vea algo en su mente. Lo importante para nuestros propósitos no es si esta visualización es posible o no, sino tener en cuenta que muchos budistas la creen posible. Una vez la imagen está en la mente, uno puede mirarla, verla, contemplarla, o convertirse en uno con ella.

Este proceso interno, conocido también como sādhanā, puede interpretarse como una "realización", dado que implica que la visión debería convertirse en algo real de lo que pudiera apropiarse el meditante. Se le puede pedir, por ejemplo, que perciba mentalmente en su propio corazón la primera vocal, "A" que gradualmente se transforma en la esfera lunar. En medio de la luna debe imaginarse un encantador loto azul. En los filamentos de este loto el meditador debe buscar la esfera inmaculada de una segunda luna, sobre la cual aparece la sílaba-semilla (bīja) amarilla *taṃ*. En ese momento el meditador observa rayos de luz surgiendo de esta sílaba-semilla, que destruyen la oscuridad de las ilusiones del mundo alcanzando los confines más remotos del universo, iluminando los mundos interminables que existen en las diez direcciones. Dicha claridad reúne, procedentes de todos los rincones del mundo, las innumerables e inconmensurables familias de los budas y los bodhisattva frente al meditador.

De ellas no está exluida la inquisición filosófica. La imagen mental de un buda se examina preguntando por la sustancialidad de la imagen y el buda que representa. Las deidades invocadas se convierten en visualizadas. Especialmente popular entre los budistas tibetanos fue el "yoga de la deidad" (traducción libre del término tibetano *lhí mgnong rtogs*: "actualización" de la deidad), técnica en la que el meditador invoca y visualiza la apariencia física (incluyendo forma, sonido y olor) de su propia deidad de la meditación (el objeto de meditación elegido o asignado que, a su vez, es la deidad protectora del que medita, la deidad tutelar "elegida" (yidam; en sánscrito iṣṭadevatā). Como paso a meditaciones más elevadas, la práctica es indistinguible de un sādhanā básico, pero como práctica devocional es quizá la más realizada de todas las meditaciones en el ámbito tibetano. Una meditación de este tipo es la nyung-ne, especialmente popular entre los devotos del bodhisattva de la compasión: Avalokiteśvara. Esta meditación ritual se lleva a cabo durante los días en que se celebran el nacimiento, el despertar y la muerte del Buda. El nyung-ne es un retiro y ayuno de dos días para laicos dirigido por un monje. Aunque los objetivos principales son el fortalecimiento de los votos y preceptos del bodhisattva y la invocación de la asistencia compasiva de Avalokiteśvara, el modelo de la liturgia es el de un sādhanā de "yoga de la deidad" que invita al bodhisattva a hacer acto de presencia ante y dentro del meditador.

En otras prácticas tántricas se recita en voz alta o musitada una sílaba o frase completa, hasta convertirse en el centro de la concentración y penetración. Dichas sílabas sánscritas representan presencias sagradas, y, al invocarlas, el que medita las encarna y se apropia de ellas, es decir, el meditante y la deidad se funden o intercambian sus identidades. Esta identidad acaba usualmente por reducirse a la vacuidad de todas las cosas, que es considerada, de forma paradójica, como lo único real, estable y fundacional.

La invocación de Amitābha

La creencia en el poder transformador de la palabra y de la sílaba no se limita al tantra. Existe otro tipo de invocación frecuente en la práctica de los ritos dedicados al Buda Amitābha. Las concepciones indias de la palabra y el nombre sagrados encontraron un campo fértil en Asia oriental, donde tendieron a reunirse alrededor del culto de este buda en particular, cuya invocación se convirtió en sinónimo del budismo devocional.

En el tantra japonés de la tradición shingon, la sílaba *hrī* simboliza el nombre, la persona y la presencia de Amitābha. Cuando la sílaba es pronunciada o recitada, el creyente considera que el buda Amitābha ha sido invocado o, más aún, que está ya presente. El conjunto de todas las sílabas, y por tanto de todos los budas, bodhisattva y deidades, está contenido en el sonido vocal primario "A". Esta sílaba es el origen y la esencia de todas las demás, y, por consiguiente, de todo lenguaje y todo lo creado y construido mediante el lenguaje. Su invocación produce no sólo un buda individual, sino la totalidad de lo existente (dharmadhātu).

En China se suele cantar el "nombre de los cuatro caracteres": las tres sílabas de Amita más el epíteto "buda" (que en mandarín es omito-fo); o bien el equivalente a la expresión sánscrita "homenaje al buda Amitābha" (namo [a]mitābha buddhāya; en chino, namo amito-fo), que se ha convertido en un "nombre sagrado" o en *el* "Nombre". Esta recitación se concibe como devoción o entrega devocional, pero también como algo inmerso en tradiciones de cultura mental y cultivo ascético moral. En esta última función, la que nos interesa aquí, la recitación puede ser parte del ejercicio de visualización en el cual el meditador imagina el paraíso de Amitābha, la *tierra pura*.

Las formas de entender tradicionalmente la meditación en el nombre pueden incluir concebirlo como parte de un deseo, como una meditación en la verdadera esencia del Buda, o como una ayuda para visualizar el paraíso occidental de Amitābha. Además, la meditación del nombre sagrado ha sido usada como parte de una práctica de la meditación chan (zen).

La tradición zen y el kōan

El uso que hace el chan, o zen, del lenguaje en la meditación es menos explícito que en la tradición tántrica, pues la tradición chan reclama el acceso a una experiencia no conceptual y libre de las limitaciones del lenguaje. Pero algunas de sus corrientes más importantes sostendrán que ese modo de ser no conceptual se logra mediante un uso peculiar de las palabras. El chan propuso un método radical que utilizaba toda una retórica iconoclasta y paradójica. La tradición concibe la iluminación como algo que está ya presente en la mente, como si la mente ya estuviera iluminada y no requiriera el cultivo o la meditación. Algunas corrientes defendieron que la meditación era superflua, que la verdad debía obtenerse de forma directa, sin mediaciones; que la ilusión y el sufrimiento no eran sino errores, y sólo desechándolos conseguiría la verdadera mente manifestarse por sí misma. Tales afirmaciones quizá fueron puestas en práctica entre un limitado círculo de discípulos durante la dinastía Tang (618-907), pero en teoría esta retórica se mantuvo en la tradición como la descripción ideal del chan. Sea como fuere, la herramienta lingüística clásica del chan se desarrolló durante la dinastía Song (960-1279) y se conoce en Occidente como kōan (prestado de la pronunciación japonesa del chino *gongan*); es el eje de la meditación y procede directamente de los grandes maestros. Sea cual sea la pregunta asignada, se espera del meditador el cultivo consciente y concentrado del kōan durante la meditación sedente, y, una vez concluida, que «lo lleve dondequiera que vaya». Se entrevé en este punto una reminiscencia del ejercicio kasiṇa, del que se esperaba que la persona se fundiera con el objeto de la meditación.

Cuando la frase del kōan se convierte en objeto de inquisición, la respuesta debe ser no discursiva: un gesto o un sonido, o quizás una palabra espontánea. Un recurso habitual en el momento de la réplica es el uso de interjecciones, algunas de las cuales se han convertido en clásicas, como *¡Ho!*, (*¡katsu!* en japonés), monosilábico chino que expresa una sorpresa sarcástica o una reprimenda incisiva. El maestro chan Wuliang-su, por ejemplo, afirma:

«Durante las veinticuatro horas del día, camina con tu frase clave; ya estés sentado, de pie o acostado, ten junto a ti tu frase clave. Tu mente se sentirá como [la garganta se sentiría con una] espina: ya no podrá tragar nociones como "persona", "yo", "engaño", etc. Ya estés andando, sentado, de pie o acostado, convierte tu cuerpo entero en una bola de duda... Entonces, al oír un sonido o ver algún color, ciertamente gritarás: "¡Ho!". Este sonido te lleva hasta el final» (Taishō 2924, vol.48, 1100a 2-7).

La práctica de la meditación zen, si bien idealizada en ocasiones como un camino de autodescubrimiento, requiere constantemente el apoyo, la instrucción, el empuje y el cuestionamiento de un maestro zen cualificado. En la tradición rinzai, la interacción entre el discípulo y el maestro de meditación tiene lugar mediante encuentros privados llamados *sanzen* (zen practicado mediante la visita) o *dokusan* (visita privada). La entrevista puede asustar al discípulo, pues el maestro se sienta tradicionalmente sobre un cojín, con la vara de enseñar a sus pies, en una habitación semioscura, iluminada con una simple vela situada a su espalda. El aprendiz debe inclinarse ante el maestro e inmediatamente dar muestra de su conocimiento del ejercicio de la meditación. Cada encuentro es considerado secreto, pues se sobreentiende que encarna la transmisión de una mente (la del maestro) a la otra (la del discípulo).

Aunque la tradición sugiere a veces que todos los kōan tienen el mismo significado, no es infrecuente su clasificación por grados o su prescripción para diferentes propósitos, incluso para curar ciertas enfermedades. La palabra puede sanar; no estamos lejos de la poesía.

En Japón, por ejemplo, aproximadamente a partir del siglo XVII, los kōan fueron sistematizados en listas para la práctica del zen que incluían las respuestas correctas tradicionales. Se añadian asimismo kōan de origen japonés, como el famoso "¿Cuál es el sonido de una palmada dada con una sola mano?", atribuido a Hakuin Ekaku.[31] El objetivo del ejercicio era que el discípulo diera una respuesta correcta a cada kōan, que sería aceptada o rechazada por el maestro. Una vez aceptada la respuesta, el maestro asignaba

31. Hakuin Ekaku (1686-1769), monje y calígrafo, una de las figuras más relevantes del budismo zen japonés.

un kōan diferente. La rigidez del sistema y sus abusos fueron a menudo criticados. La crítica más devastadora tendría lugar a comienzos del siglo xx.

Transformación interior

Como hemos visto, lo que se denomina "meditación budista" puede abarcar un amplio espectro de prácticas y creencias que forman parte de la vida pública y privada de los budistas. Además, como también se ha dicho, la práctica de la meditación y la doctrina, los procesos internos y los rituales públicos, se superponen de tal forma que a veces resulta imposible su diferenciación.

A diferencia del ritual, la meditación tiene en la práctica un final abierto. Quizá nunca se alcance el objetivo último, incluso cuando el procedimiento es técnicamente correcto. Para decirlo de manera diferente, se espera de la meditación un efecto transformador, pero en la práctica real el efecto puede sobrevenir gradualmente, de forma imperfecta o incompleta, o no ocurrir. Tanto la experiencia de esa lucha como los fracasos o frustraciones en la búsqueda de la técnica adecuada, el momento y la intensidad de la práctica son temas que merece la pena explorar.

El abanico completo de la meditación incluye muchas experiencias. Ya hemos señalado algunas de las más abstractas: nociones de verdad, visiones polémicas y filosóficas, y la experiencia de la preparación, del retiro o de los marcos rituales. Pero, al tratarse de un viaje personal, la meditación se topa con muchos obstáculos: la frustración personal, el letargo o los estados de sobreexcitación, el dolor físico, la fatiga o la incomodidad, la decepción ante la ausencia de progreso, etc. Para los meditantes estos obstáculos son experiencias igualmente importantes. Si es necesario, las dificultades se comentarán con el instructor o se meditará sobre ellas.

Ni que decir tiene que la meditación, como otros aspectos de la vida religiosa, se enmarca en su propio contexto social y dentro de unas relaciones interpersonales: la necesidad de estar aislado o retirado, el sentido o el discurso implican ya ciertos cambios en dichas relaciones. En su contexto social, la meditación puede tener múltiples significados y funciones, del mismo modo que los objetivos que persigue suelen asociarse a tradiciones de higiene, curación, salud, o con la búsqueda del poder milagroso. También se la vincula con frecuencia a lo visionario, a la percepción de mundos distantes, como cielos e infiernos, y a las prácticas ascéticas de retiro o escape. En todas estas funciones la tendencia general concibe la meditación, fundamentalmente, como la concentración de un poder espiritual, una concentración serena y centrada en el poder de la mente en el samādhi.

Los budistas pueden apelar, y a menudo lo hacen, a la experiencia de la meditación como justificación y fundamento de sus creencias, valores y prácticas, al margen de su voluntad o capacidad para practicarla. Pero también es cierto que muchos budistas entienden la meditación como un valor en sí mismo, como un ideal difícil de realizar, demasiado difícil para el común de los mortales, pero que representa el mayor logro que puede alcanzar el esfuerzo humano.

VIII. NIRVANA

Nirvana en los sūtra

Nirvana es el término más común utilizado para referirse al estado de liberación del sufrimiento y la reencarnación. Es quizá la palabra budista más conocida fuera de Asia y resulta fácil encontrarla en la mayoría de los diccionarios de lenguas occidentales modernas. El término se ha revestido de una pátina coloquial que le permite el acceso a ciertas conversaciones sin necesidad de aclaración previa, como si se diera por sentado que se sabe lo que significa realmente. Sin embargo, los propios budistas nunca se han puesto del todo de acuerdo sobre qué es el nirvana.

La búsqueda de la idea "original" o "real" del nirvana es a menudo consecuencia de ciertos prejuicios sobre lo que debería ser la doctrina y la práctica religiosa y lo que la mentalidad occidental espera de ellas. Tratamos de contestar a la pregunta equivocada. La cuestión no es tanto qué es el nirvana sino de qué forma los budistas utilizan el término. ¿A qué fines, apologéticos o polémicos, trata de servir? ¿Qué aspiraciones revelan estas querellas y apologías?

La etimología del vocablo apunta ya la ambigüedad y polisemia del concepto. El término sánscrito *nirvāṇa* es un sustantivo de acción que significa el acto y el efecto de "soplar [a algo] para apagarlo", "apagar", o "extinguir", pero también el proceso y resultado de "quemar algo que queda extinguido", "enfriar", "aquietar", "calmar", y asimismo "amansar", "hacer dócil". Técnicamente, en las tradiciones religiosas de la India, denota un proceso de experimentación y logro de la liberación de la sed incontenible del deseo y el dolor de los repetidos nacimientos, vidas y muertes.

La palabra alberga en sí una metáfora problemática, una imagen negativa que sólo sugiere lo que el nirvana no es (fuego, calor, anhelo ardiente y dolor reiterado), pero apenas ofrece pistas sobre cuáles podrían ser su referente o sus contextos discursivos. Además, la superposición semántica entre "extinguir" y "aquietar" no resuelve cuáles son los medios ni el resultado final de enfriar o aquietar este fuego. Se podría decir que dicha ambiguedad encapsula muchos de los contenidos de las polémicas escolásticas en torno al nirvana.

El uso del término nirvana es anterior al origen del budismo, que pudo heredar buena parte de su significado de otros movimientos de ascetas errantes. Fue un concepto más o menos central para muchas de las corrientes religiosas de la India (los jainas y los ājivika) y algunas de las tradiciones yóguicas del hinduismo. En las tradiciones religiosas no budistas, su gama de significados va del desapego sereno y calmo a la liberación del sufrimiento, y desde el «escape de este mundo a un mundo de dicha» hasta el completo "reposo" de la muerte (por ejemplo, en el ritual jaina del suicidio). Puede asociarse al mismo tiempo a concepciones impersonales de lo absoluto y a la fe en una deidad personal (como en la Bhagavad-gīta).

La mayoría de las definiciones encontradas en los sūtra budistas subrayan el aquietamiento de los anhelos, la aversión y la inconsciencia, o las tres turbaciones fundamentales (Saṃyutta-nikāya 4, 251-252). Pero la metáfora canónica habla de una llama que se apaga o un fuego que se extingue debido al acabamiento del combustible. En un pasaje clásico una monja apaga una lámpara de aceite y caracteriza su acción como *nibbāṇa* (equivalente pāli del sánscrito *nirvāṇa*): «Como al bajar la clavija de una lámpara de aceite y apagar su llama, ¡ay, así es la liberación de la mente!» (Therīgāthā 116).

Un fragmento que describe el encuentro de Śākyamuni con el asceta errante Vacchagotta explica que un buda (Tathāgata) se libera cuando «toda reflexión, toda preocupación u obsesión, todo hacer lo mío o el yo así como toda inclinación al engaño se extinguen, se detienen, se abandonan, no hay más adhesión a nada y ya no se desea más» (Majjhima-nikāya 1, 486). Cuando un ser se libera de este modo no puede decirse si reaparecerá o no después de la muerte. Es como un fuego que se apaga, que no va a ninguna parte, que, cuando consume su combustible, se extingue. El Buda está libre de «todas esas formas corporales y sensibles que se podrían utilizar para describir al Tathāgata, todas ellas han sido cortadas de raíz…, de forma que no brotarán de nuevo en el futuro. El Tathāgata está libre de cualquier representación de formas corpóreas y de imágenes sensibles, él es profundo, inconmensurable, insondable como el océano» (487-488). Lo mismo se afirma de los otros cuatro constituyentes de la persona: sensaciones (y sentimientos), pensamientos (y conceptos), hábitos (y tendencias de vidas pasadas) y conciencia, –esto es, los cinco componentes de la personalidad (skandha)– han sido arrancados de raíz.

El pasaje cuestiona qué es el Buda después de la muerte. La relación del nirvana con el instante de la muerte es importante para comprender el término y se trata de uno de los contextos más comunes de su uso. La muerte del Buda es uno de los acontecimientos más definidos de su vida, uno de los hechos más tempranos que registra la bibliografía, y el momento que muestra la liberación del renacimiento (y el remorir). Comúnmente se lo denomina "apagando el fuego" (parinirvāti o parinirvāyati). A veces, sobre todo en relación con el Buda o personas de vida santa, nirvana es sinónimo de muerte, una muerte serena y liberadora. Y, al mismo tiempo, expresa la calma profunda y estable o la concentración mental de los sabios. En ambos casos la palabra sugiere un estado deseable de desapego y la presencia poderosa, paradójicamente, de lo ausente. Así, el nirvana se relaciona a menudo con la milagrosa aparición de reliquias o túmulos relicarios (stūpa). Por otra parte, las imágenes del Buda reclinado que son el modelo de cómo debe recostarse el monje –listo para la muerte y la liberación– nos recuerdan lo real que puede ser la ausencia del nirvana.

Hay todo un abanico de significados en la metáfora del "apagamiento" que se registra en el encuentro del Buda con Vacchagotta. El episodio sugiere diferentes formas de extinción, apaciguamiento o liberación de las tribulaciones de la existencia humana. Al mismo tiempo, el nirvana es liberación del renacimiento gracias a la extinción de todo lo que define a la persona, todo aquello que la sujeta al nacimiento, la muerte y el sufrimiento. Esta extinción puede entenderse como cesación o liberación, o como ambas. Además el pasaje insinúa que se trata de la liberación de una forma de pensar, de un tipo de autodefinición y de autoconciencia (y la liberación de las actitudes generadas por esa forma de pensar). De ahí que esa "extinción" pueda entenderse también como la liberación de las turbulencias mentales, liberación del revolcarse en el fango de las ideas del yo o de la posesión, extinción del modo en que uno se conoce a sí mismo (el combustible), que se superpone a la noción de liberación del deseo y de la aversión (el calor del fuego). Finalmente el nirvana, como fuego extinguido, no puede imaginarse: el estado de un Buda liberado es inefable, y la condición misteriosa de Tathāgata es la de estar ausente en la muerte y a la vez presente. La tradición oscilará entre todos estos significados, a veces integrándolos, otras eligiendo alguno de ellos, en una constante lucha por comprender el insondable estado del Buda liberado.

Según el planteamiento clásico, la "sed" (tṛṣṇā, el insaciable anhelo de existencia y de satisfacción sensual) se elimina completamente con el despertar, quedando así destruida la causa del renacimiento futuro. Cuando esto ocurre se experimenta el "nirvana sin factores residuales adheridos" (sopadhiśeṣa nirvāṇa), obteniéndose con ello la liberación del deseo y del futuro renacer, pero la persona todavía debe permanecer en el mundo del sufrimiento hasta su muerte, cuando quedará definitivamente libre de cualquier tipo de renacimiento. En otras palabras, el despertar hace que la sed se extinga y elimina la posibilidad de un renacimiento futuro, pero no anula las causas anteriores a la obtención del nirvana, que seguirán impulsando al individuo en su vida presente hasta el instante de su muerte.

Sin embargo se puede alcanzar el despertar y renacer una vez más si uno lleva en sí la semilla de un karma poderoso que todavía no ha madurado, por lo que será requerida una nueva vida para la maduración de dicho fruto; de ahí que sea posible lograr el despertar y renacer una vez más en este mundo o en el paraíso.

El nirvana completo y final es un estado bendito y sereno más allá del renacimiento y la muerte, y esencialmente indescriptible. Pero podemos hablar de los diferentes escenarios y aspectos de este proceso de liberación. La cuestión es a veces confusa. El despertar completo implica el primer nivel del nirvana, si bien debemos tener en cuenta que el despertar (bodhi) y el nirvana no son exactamente sinónimos, aunque la propia tradición (sobre todo en el mahāyāna) difumine a menudo la línea que los separa. El nirvana es la dimensión efectiva, soteriológica y escatológica de la budeidad, que libera de la pasión, el deseo, la agitación, el odio, el nacimiento y la muerte y de cualquier renacimiento futuro. El despertar, por su parte, es la dimensión cognitiva de la experiencia: una visión penetrante y una perfecta comprensión que está libre del velo del deseo, la aversión y la confusión, y que, según algunas interpretaciones, es un estado omnisciente. A pesar de su importancia a lo largo de la mayor parte de la historia del budismo, los conceptos de despertar y nirvana no han sido los únicos objetivos ni las únicas orientaciones de la práctica y la doctrina budista. A menudo son lugares comunes de la literatura y la ortodoxia cuyo trasfondo es una vasta y compleja red de doctrinas y prácticas.

Como ideal orientativo, el nirvana representa, como hemos visto, la liberación del sufrimiento mediante la extinción de un fuego que consume al hombre. Algunos de los componentes más importantes de esta metáfora aparecen en los estratos más tempranos de la literatura, a los que pertenece el libro cuarto, Aṭṭhakavagga, de la *Colección de diá-*

logos (Sūttanipāta). El término recogido aquí es el pāli *nibbuti*, un sinónimo de *nibbāṇa* que usualmente se traduce en sánscrito como *nirvṛti* ("extinción, calma perfecta y satisfacción"). Esta palabra podría ser una distorsión de *nivṛti* ("poner una tapa, contener"), pero probablemente es una evolución de *nivṛtti* ("parar de dar vueltas, llevar a reposo"), término utilizado en la literatura escolástica. Un poema del Aṭṭhakavagga (Sūttanipāta 915) conecta nibbuti con el "estado de paz" (santipadam) obtenido por aquel que logra apaciguar (nibbāti) su propio fuego. El texto describe también la meta como un estado de soledad desapegada (viveka) en el que se obtiene una visión especial y ya no se mora más ni se mantiene nada (anupādiyāno) en el mundo.

El poema, dirigido específicamente a monjes, aconseja dedicarse atentamente a la práctica de apartar o domar (vinaya) la sed, desarraigando las concepciones de la fabricación mental (papañcasamkhā) que dependen de las ideas del "yo". Se insiste al tiempo en que la práctica que lleva a la paz es el discernimiento del dharma y el perseverar en la atención. En este poema "dharma" no alude a una concepción de la verdad o la realidad, sino a una práctica: observar con desapego las ideas comunes acerca del yo de uno (superior, igual o inferior a los demás) y asumir la vida del renunciante, el monje (bhikkhu).

La conexión con la atención pretende incidir en el vínculo del nirvana con el cultivo mental y con el porte sereno de los despiertos. Se dice que el joven Gautama está nirvṛta (nibbuto) en contextos que describen su porte o apariencia y no su conquista de la liberación. En estos casos el término sugiere no sólo lo que está sereno sino lo que porta en su interior una alegría serena. Este uso muestra ciertas similitudes con la conocida metáfora budista del elefante salvaje en celo que, una vez domado, adquiere la gracia de una criatura amaestrada.

La extinción no sólo apaga un estado de dolor y deseo; es también dicha. Pero es también un proceso activo, un aquietamiento, un detenerse (nirodha) y serenarse. Existen además numerosas descripciones del nirvana por lo que no es. La definición apofática, un antiguo recurso para hablar de lo inefable, afirma que no se puede hablar del Tathāgata (que ha dejado tras de sí toda posibilidad de renacer) y sólo se puede decir que no ha nacido y no morirá.

Al mismo tiempo es posible encontrar descripciones positivas en las que el nirvana se muestra como lo incondicionado, lo verdadero, lo auspicioso, lo seguro, el refugio, el estado puro de salud (Saṃyutta-nikāya 4, 369-373). Este abanico de apreciaciones corresponde a la ambigüedad de la metáfora original y se convierte en un campo fértil para la especulación. Uno es libre de imaginar en qué sentido un ser humano o una actividad humana está cerca o lejos del nirvana.

Nirvana en la escolástica

Una de las principales preocupaciones de la escolástica fue establecer la relación entre la meta absoluta y sin causa del nirvana y las prácticas que constituyen el camino budista, que están sujetas a las leyes de la causalidad. Esta cuestión se podría expresar así: si el nirvana carece de causa, ¿cómo podría obtenerse? Si es la ausencia de nacimiento y muerte, ¿será también la ausencia de vida? Si no es una forma de existencia ¿cómo podría ser bendito?

En las *Preguntas de Milinda* (Milinda-pañho) se dice que no hay causa para el surgimiento del nirvana (es ahetuka, sin causa, como el espacio vacío), y sin embargo su obtención es el resultado de seguir el camino (267-271). De igual modo, el *Tesoro de la doctrina* (Abhidharma-kośa II. 55) desarrolla extensamente el tema para concluir que el nirvana no tiene causa ni efecto y, paradójicamente, es aquello que obtienen los santos mediante la práctica del camino. El texto añade (IV.8 y II. 55) que la liberación del nirvana es el bien supremo (śubhah paramataḥ), pero que no es una entidad ("no una cosa de ninguna manera"), sino una cesación consciente e intencional, aunque de alguna manera es la meta de todas las virtudes y bondades de un buda. El *Tesoro* a veces parece distanciarse de la metáfora tradicional al distinguir entre la cesación (nirodha) de los dharmas, resultado de un proceso intencional (el mismo nirvana), y otras formas de no existencia (como la de un fuego apagado).

La tendencia a concebir el nirvana como un no-estado, o como un estado que no se encuentra dentro de la esfera de lo existente, aparece también en la creencia clásica de la India según la cual el yogui puede lograr, mediante el poder de su meditación, la cesación de la vida, algo así como una muerte sutil llamada nirodhasamāpatti. Y a pesar de que tales estados de la mente no son equivalentes a la liberación final del nirvana, se consideran "análogos" al nirvana (Abhidharma-kośa II. 44). Esto concuerda con otra idea muy difundida en la India según la cual el samādhi es una realidad alternativa que queda fuera de los parámetros habituales de lo vivo y lo muerto.

La relación entre los estados de samādhi y el nirvana fue explicada mediante el concepto de "puertas de la liberación" (vimokṣamukha), concepto importante del abhidharma con raíces canónicas que refleja la complejidad de ambas nociones. Según este planteamiento se entra en la liberación mediante tres estados mentales: (1) la liberación de los estados mentales asociados a la idea de un yo o una sustancia, que se logra cultivando la vacuidad (śūnya vimokṣa); (2) la liberación de un deseo satisfactorio y duradero, que se produce librándose de mantener la mente fija en un objeto (apraṇihita); y (3) la liberación de las causas condicionantes (animitta), incluyendo representaciones mentales (nimitta) que conectan deseo y dolor.

A pesar de que nirvana es sinónimo de la calma en la meditación, la tradición budista buscó generalmente una liberación completa y no sólo un estado momentáneo de serenidad. Así, una clasificación temprana distingue la "liberación de la mente" (cetovimukti –quizás liberación sólo en la mente) de la liberación mediante el discernimiento (prajñāvimukti). Técnicamente, la primera era experimentada por el arhant durante el tránsito del camino, mientras que la segunda se lograba en el momento de la obtención de los frutos de la "arhantidad". Esto implicaba una distinción entre un estado interno al que se accedía en estados fugaces de recogimiento mental y el propio nirvana, que sólo era posible mediante el discernimiento que proporcionaba la completa liberación.

Nirvana en el mahāyāna

La sistematización aparente de la escolástica tenía como fin paliar la confusión generada por las múltiples formas de entender el nirvana. Aunque no disponemos de una cronología precisa, el Laṅkāvatāra-sūtra nos ofrece un compendio tardío de las distintas nociones "equivocadas" del nirvana. El fragmento critica a quienes conciben el nirvana como «un estado en el cual el pensamiento y los estados mentales ya no están activos porque los skandha, dhātu y āyatana han cesado… o cuando uno ya no es consciente del pasado, del presente o del futuro, como cuando una lámpara se apaga, o cuando a un fuego se le acaba la leña; otros dicen que la liberación es ir a otro lugar o estado cuando uno deja de discriminar los objetos de los sentidos, que es como cuando el viento deja de soplar, otros… dicen que es la destrucción de considerar que hay un conocedor y algo conocido…, otros imaginan el nirvana como la destrucción del yo, de la cosa viviente, de la persona…, otros, la extinción del mérito y del demérito, la destrucción de las turbaciones por medio del conocimiento…, otros, el ver la verdadera naturaleza de las cosas tal y como son realmente, como ver los innumerables colores del pavo real, o las incontables formas de las piedras preciosas, etc.» (182-187, LXXIV).

Históricamente se puede atestiguar toda una variedad de interpretaciones del nirvana, especialmente en el mahāyāna. Pero las mayores diferencias aparecen en los estadios más tempranos del budismo nikāya (las llamadas escuelas hīnayāna). Por ejemplo, los lokottaravādin asumían que en el nirvana el Buda no sólo continúa existiendo más allá de los estados momentáneos de samādhi, sino que lo hace antes de la existencia del tiempo y de los seres, en un estado atemporal, obtenido en un tiempo sin comienzo.

Encontramos ecos de dichas concepciones en la llamada doctrina del *Embrión del Tathāgata* (Tathāgata-garbha), que propone que el nirvana del Buda está ya presente en cada ser vivo. Esa esencia que mora en cada ser, pura potencia, es un permanente estado de dicha, como el de los budas, que está libre del yo y de las cualidades negativas de la yoidad. De modo que ese embrión sería lo opuesto a lo efímero, lo insustancial y lo doloroso, las tres marcas de lo existente, y encarnaría la pureza innata de la naturaleza del Buda en la mayoría de los seres vivos (una importante polémica surgió en torno a si los icchāntika gozaban o no de dicha naturaleza).

El nirvana se utilizó también en contextos polémicos en los que el mahāyāna trataba de definirse frente al "hīnayāna" (literalmente, vehículo inferior). Los apologistas del mahāyāna distinguían el nirvana de los bodhisattva del nirvana de los śrāvaka, presentando este último como una caricatura para desprestigiarlos. Para ellos los śrāvaka aspiraban a un estado de paz imperfecto y egoísta, pues sólo pretendían liberarse ellos mismos, mientras que los bodhisattva buscaban la liberación de todos los seres.

Aquí se encuentra el punto de inflexión de la concepción budista del nirvana. Śāntideva lo expresa con vehemencia: «Nirvana significa renunciar a todas las cosas, mi mente sería agredida si obtuviera el nirvana. Si debo renunciar a todo, mejor sería dar el nirvana a los demás seres vivos» (Bodhicaryāvatāra III. 11). El nirvana ya no es algo que se obtiene sino algo que se da.

Esta afirmación, no exenta de polémica, sugiere que el ideal del bodhisattva del mahāyāna valora más el despertar y el compromiso con la compasión que la liberación personal. En otra formulación muy anterior, Nāgārjuna ya manifestaba que el nirvana y el saṃsāra eran la misma cosa, y esta idea se encuentra en el trasfondo de muchos de los conceptos del mahāyāna. La equivalencia de nirvana y saṃsāra encapsula toda una ontología y toda una soteriología. Como ontología implica que la liberación del sufrimiento que tiene lugar en el mundo (la libertad de apegarse al nirvana) se transforma, bajo la mirada despierta del bodhisattva, en el desapego al nirvana. El escenario de semejante mirar es la liberación, de ahí que se considere un nirvana "más excelso".

La escolástica yogācāra defendió que el nirvana del bodhisattva era un nirvana sin apoyo (apratiṣṭhitanirvāṇa) tanto en el nirvana (perfecta paz y calma) como en el saṃsāra (el torbellino de la transmigración). Históricamente, esta doctrina fue quizá un subproducto de las primeras ideas sobre la actividades y función del bodhisattva en el saṃsāra o de reflexiones ontológicas sobre el voto, pero doctrinalmente se pueden ver como consecuencia de la identidad de nirvana y saṃsāra, y parece relacionada con la idea del nirvana como acto de generosidad promulgada por Śāntideva.

La idea del nirvana sin apoyo se extiende también a los budas, cuya enorme compasión no les permitiría partir hacia el nirvana dejando sufrir al resto de los seres. Candrakīrti lo expresa sucintamente en uno de los versos finales de su Madhyamaka-avatāra (XI. 51): «Con la mente puesta en liberar a los que sufren, has hecho del mundo el objeto de tu compasión. Bendito, compasivo y lleno de amor, le das la espalda a tu propio nirvana renunciando a su paz». El pasaje podría interpretarse como una exhortación a renunciar a ciertas nociones del nirvana, es decir, a concepciones prácticas y doctrinales de la serenidad y el alivio del sufrimiento.

La idea mahāyāna del nirvana se relacionó con la doctrina de los dos velos (āvaraṇa), según la cual los budistas de otras escuelas o los no budistas podrían llegar a alcanzar un estado temporal de liberación de aquellos estados mentales que causan confusión, aflicción y corrupción (el velo de los kleśa), pero no podrían liberarse del velo del conocimiento falso (el velo que esconde el objeto del conocimiento: jñeya). Sólo aquellos capaces de apartar, gracias al discernimiento, el segundo velo, alcanzarían ese tipo de liberación que permite al bodhisattva permanecer en saṃsāra sin caer en la confusión y el sufrimiento, y probar el nirvana sin ser presa del apego a una paz inactiva y serena que haría imposible el ejercicio de la compasión.

Otra concepción común del mahāyāna, que quizá tenga sus raíces en el budismo nikāya, es la doctrina del nirvana innato o natural (prakṛtinirvāṇa). Según la misma, todas las cosas están ya, y lo han estado desde un tiempo inmemorial, en perfecta paz. El mundo tal y como es no está contaminado ni es la causa de nuestro sufrimiento y apego. Desde esta perspectiva, la serenidad innata del mundo es equivalente a la vacuidad de todas las cosas, idea que podría encontrarse implícita en las enseñanzas canónicas tempranas sobre la "luminiscencia natural" (prakṛtiprabhāsvaratā) de la mente serena.

Muchas de estas ideas están relacionadas con las teorías de la liberación de la escuela vijñānavāda o yogācāra, conocida también como la escuela de "sólo la mente", pero su conexión histórica sigue siendo oscura. El Laṅkāvatāra-sūtra lo explica así: «Los que todo lo conocen (los budas) describen el nirvana como un dar la espalda o detener (vyāvṛtti) las funciones de la conciencia, que ocurre cuando uno comprende que no hay nada sino lo que aparece ante el pensamiento mismo, cuando uno ya no se adhiere a los objetos externos, ya sean existentes o inexistentes..., cuando uno ve la condición de las cosas tal y como es..., con la mente inmersa ni en el sujeto ni en el objeto...» (§ 184-185, LXXIV).

El enigma implícito en las metáforas de la extinción sigue presente, pues el mismo texto describe la liberación del Buda con otra metáfora de la misma familia: «[Todas las funciones de la conciencia] están activas (paravṛt) o cesan (nivṛt) arrastradas por el viento de los objetos de los sentidos que son apariencias en el pensamiento, como olas en el mar. Cuando la conciencia mental (manovijñāna) se detiene, las siete formas de conciencia cesan... Cuando la crecida de un río amaina y se detiene, ya no surgen olas; del mismo modo cuando las variadas manifestaciones de la conciencia cesan, la [conciencia] ya no está más activa» (§ 181, LIII).

Nirvana en el tantra

El mahāyāna indio apuntaló algunas de las teorías tántricas de la liberación. Si todas las cosas se encuentran ya inherentemente en el nirvana, entonces el cuerpo y las pasiones quizá sean de algún modo expresiones de la liberación, encarnaciones de esa serenidad.

Muchas de las ideas tántricas del nirvana estaban en consonancia, doctrinalmente, con las del mahāyāna, donde la revalorización del cuerpo y la vida en el mundo ya había adoptado toda una variedad de formas. En ocasiones, los textos describen al bodhisattva como un hábil mago que sabe que el mundo es una aparición y no se deja tentar por ella. El bodhisattva puede interactuar con el mundo de la misma forma en que lo haría un hacedor de prodigios. Unas veces son la vacuidad y la compasión las que definen la liberación del yogui y el bodhisattva. Es entonces cuando la compasión y el uso adecuado de las estrategias de liberación (upāya) eclipsan las nociones de renuncia del mundo. Otras, el cuerpo como tal se considera el lugar del nirvana, de modo que la homología entre el cuerpo, el habla y la mente del practicante y los del Buda se convierte en la base del ritual y la meditación.

La aceptación del mundo y sus pasiones se reconoce entonces como un medio hábil entre las estrategias de liberación (upāya) o incluso como una redefinición del nirvana (como la paz de aceptar las pasiones sin adherirse a ellas). Las viejas ideas del nirvana han cambiado de posición en el puzzle de la doctrina, y la ascética budista deberá reestructurarse radicalmente. Tales cambios en el énfasis y la perspectiva encuentran hoy expresión entre los budistas de Nepal, en las comunidades tibetanas (en Tibet y en el exilio) y entre los budistas de Asia oriental.

El nirvana recibe interpretaciones muy diversas entre los budistas tibetanos, tanto en la doctrina del *Embrión del Tathāgata* (tathāgatagarbha) como en el madhyamaka tardío y las doctrinas yogācāra. En el madhyamaka tardío ocupa una posición importante la idea del nirvana sin apoyo, que domina la mayoría de las teorías acerca del asunto. Ciertas doctrinas sobre el nirvana innato, procedentes de lo que podría llamarse un *budismo de fondo*, propiciaron nociones como la de la luminosidad inherente de la mente, lo que favoreció el planteamiento de la meta como un despertar en este u otro cuerpo humano transformado.

Del mismo modo, el sistema de los "lamas encarnados" (sprulsku), basado en parte en ideas generales sobre los cuerpos de Buda y la eternidad del despertar y del nirvana, puede justificarse también sobre la base de concepciones afines a la idea del nirvana sin apoyo. El lama encarnado, como nirvāṇakāya, permanece en saṃsāra en un estado de perfecta liberación, es un bodhisattva capaz de entrar en el nirvana o conseguir por sí mismo la budeidad, pero que elige permanecer en el saṃsāra encarnando el ideal más alto del mahāyāna. De forma paradójica, conforme el nirvana parece ir retrocediendo en el *budismo de fondo*, su presencia humana se incrementa.

Entre los budistas de tradición china, el nirvana como liberación del renacimiento y la muerte parece incluso retroceder más aún en el *budismo de fondo*. La tradición chan valora claramente más el despertar que el nirvana y es aficionada a comparar la inmovilidad de la calma meditativa con el "nirvana de un cadáver". Lo más notable de las especulaciones de estos budistas de Asia oriental es su hincapié en el despertar, si bien las corrientes principales de este pensamiento atribuyen al nirvana algo innato e universal, idea que lleva implícita la de un nirvana eterno. De modo que la forma más frecuente de concebir la liberación (vista principalmente como un cambio cognitivo y afectivo en lugar de como un estado después de la muerte) es una visión de la liberación *del* mundo *estando en el* mundo.

No es difícil observar hasta qué punto el nirvana se ha alejado de la idea de un estado sereno después de la muerte. Las diversas formas de entender la paz interior conducen mucho más allá de la muerte, y aun así subsiste una conexión entre el nirvana y la muerte, incluso en medio de la tradición iconoclasta chan: el experto maestro muere perfectamente consciente, sentado erguido, casi desafiando a la muerte, y sus restos son a menudo embalsamados precisamente en esa posición en la cual la muerte, el samādhi y el desafío valeroso a lo más temido se unen. Una vez más, muerte y ausencia se representan mediante la presencia, algo que podría ser el equivalente pictórico del inefable nirvana.

Las escuelas que adoptaron la noción tiantai, según la cual el despertar era algo eterno y por tanto para lograrlo no era necesario abandonar el mundo, contribuyeron a reforzar una tendencia general a valorar la vida en el mundo, ya fuera enfatizando la vida ritual del monje, ya exaltando la vida del laico. Esa tendencia fue especialmente acusada en el budismo japonés y tuvo una gran influencia en el budismo de la *tierra pura*. Los japoneses de la *tierra pura* se adhirieron a la idea, aceptada en otras partes de Asia y basada en los sūtra, de que una de las recompensas de renacer en la tierra pura es la paz con la cual uno obtendrá el nirvana mientras habita en el paraíso.

Conclusiones

El concepto de nirvana es uno de esos fundamentos que el creyente considera sólidos pero que, al hacer su genealogía, se acerca más a la arena en proceso de sedimentación. ¿Podría ser de otro modo en el caso de un concepto que trata de hacer inteligibles tantas cuestiones sobre la presencia y la conciencia humanas, sobre la pasión y la serenidad, sobre el deseo y la muerte?

De manera teórica, podríamos atribuir a la idea del nirvana al menos tres funciones superpuestas que se han ido sedimentando conforme se desarrollaban las prácticas y creencias budistas. En primer lugar, el nirvana parece ser el punto de apoyo o la clave para comprender el camino hacia una forma de paz permanente. En segundo lugar, sirve de soporte a una variedad de intentos de entender una liberación que es paz y calma, y algo más que un estado psicológico temporal: liberación, felicidad eterna, pero, sobre todo, inmortal. Por último, pero igualmente importante, el nirvana ha servido como punto de referencia estable y como seña de identidad budista. La tradición lo ha utilizado como cimiento y modo de contrastar sus propias creencias con las de otras comunidades (budistas o no).

El concepto ha funcionado en parte como si fuera un receptáculo vacío que sirve para identificar como budistas a aquellos que lo utilizan y buscan un estado de paz, libre del sufrimiento y la confusión. Y, al mismo tiempo, es el campo magnético alrededor del cual gravitan nuevas formas de entender la calma y la liberación. De alguna manera, el budista es forzado a utilizar y defender la categoría "nirvana", pero para ello puede valerse de una gran variedad de formas. Es también posible hacer un uso del nirvana de forma paradójica o con el fin de poner en evidencia y criticar ciertos aspectos de la renuncia ascética. Los que siguen esta estrategia, sin embargo, se consideran a sí mismos budistas y reclaman formar parte del legado de Śākyamuni. Para ellos, estos cambios aparentes del significado del término muestran de manera aún más profunda lo que es la liberación.

Dado este estado de cosas no debería sorprendernos la confusión y fascinación que el término ha inspirado en Occidente. El nirvana es una de esas palabras que encarnan el esfuerzo por comprender la perfección, la paz interior y la liberación del ruido ensordecedor de nuestros deseos, conflictos y perspectivas. De ahí que no sorprenda que esta noción confusa haya motivado algunas hazañas eruditas, como la de Louis de la Vallée Poussin en 1917 o, más recientemente, la de Collins en 1998, del mismo modo que no sorprende que muchos de los intentos por entender el nirvana como un estado psicológico, corporal o mental, continúen otorgando un valor especial a morir en el nirvana o al nirvana en la muerte, pues el misterio de una libertad absoluta y de una dicha eterna parece impulsar la imaginación a ámbitos que están más allá del alcance habitual de la experiencia humana.

IX. EL IDEAL HUMANO

Bodhisattva

El bodhisattva es un ser (sattva) dedicado por entero a la consecución del despertar (bodhi). Podemos imaginarlo como un buda en formación, como un futuro buda. Así, cuando la literatura canónica habla del buda Śākyamuni antes de su despertar, a menudo se le llama bodhisattva. En general, se puede considerar bodhisattva a cualquier persona entregada a la práctica de la compasión y dotada de sabiduría y virtud, sea real o mítica, ordinaria o extraordinaria, aunque el epíteto se aplica también a seres con un grado excepcional de sabiduría y compasión.

En sentido estricto, el término sólo se adjudica a quienes han hecho el voto (praṇidhāna) de alcanzar el despertar perfecto y completo con el fin de rescatar a todos los seres del renacer y el sufrir. Así, la persona que llegaría a ser, en su último renacer, el buda Śākyamuni, recibió el título de bodhisattva cuando realizó sus votos ante el buda Dīpaṃkara, que predijo que Śākyamuni lograría la liberación en una vida futura.

Aunque designa a quien ha puesto en práctica los aspectos más difíciles de la promesa que encierra el voto, el término se puede aplicar también a todo aquel que ha hecho el voto, aunque sea un mero principiante (ādikarmika). En las leyendas de sus vidas pasadas (jātaka), al Buda se le llama bodhisattva o mahāsattva, a pesar de que aún no había alcanzado el despertar más perfecto e insuperable.

El voto, en su forma ritual y en su forma mental, puede considerarse como un cambio radical de intencionalidad que se conoce con el nombre técnico de "pensamiento del despertar" (bodhicitta), siendo este estado anímico y la conducta que de él nace los atributos que definen al bodhisattva.

En la literatura canónica el epíteto bodhisattva nunca se aplica a una persona de poca santidad, pero en los países de tradición mahāyāna a menudo se emplean expresiones como «es un verdadero bodhisattva» o «es la obra de un bodhisattva». Todo buda fue un bodhisattva durante las múltiples encarnaciones que dedicó a su trayectoria espiritual (bodhicaryā o bodhisattvacaryā). Esta carrera, la práctica o vía espiritual de un bodhisattva, dura –desde el momento en que se hace el voto hasta que se logra– tres eras cósmicas (kalpa) de incalculable duración.

El Buddhabhūmi-śāstra describe al bodhisattva como a aquel que «[...] ha adoptado el gran voto de buscar para sí mismo el bien y hacer el bien al prójimo, porque desea alcanzar el gran despertar (mahābodhi) y hacer el bien a los seres sensibles... *Sattva* significa coraje viril, y debido a que su búsqueda conlleva un denuedo heroico, se le llama bodhisattva».

Fuera del mahāyāna se concibe al bodhisattva como un ser en proceso, claramente inferior a un buda e inferior al arhant, que está ya libre de todo apego, pues ha eliminado toda turbación (kleśa). Éste parece ser el planteamiento tradicional más antiguo según el cual el bodhisattva se distingue por su compasión y su magnanimidad, pero al fin y al cabo acabará siendo un arhant, porque al hacerse buda alcanzará el nirvana. En el mahāyāna, sin embargo, la meta de salvar a todos los seres es, a la postre, lo que define al bodhisattva y lo convierte en algo más que un arhant.

Las descripciones idealizadas del bodhisattva en la literatura del mahāyāna lo reflejan, en primer lugar, como aquel que hace voto de alcanzar el despertar perfecto para bien de todos los seres, aquel que persigue las virtudes perfectas que le permitirán llevar a cabo "la obra de un buda". En ese sentido, el bodhisattva es casi un buda; por eso se le trata a menudo con la misma reverencia. En segundo lugar, se dice que el camino del bodhisattva se fundamenta en vivir para los demás, lograr el bien ajeno antes que el propio; y su tarea, incansable, es la más difícil que puede emprender un ser humano, pues sufre el dolor ajeno más que el suyo propio.

En tercer lugar, como el despertar que busca tiene como objetivo salvar a todos los seres, se entiende que el bodhisattva no está interesado en el nirvana. Su altruismo es tan perfecto que incluso la meta del nirvana pasa a un segundo plano. Este cambio en el orden de los valores budistas se manifiesta de varias maneras. Por ejemplo, se afirma que el bodhisattva no tiene otro motivo que la gran compasión ni otra meta que salvar a todos los seres vivos, y por ello decide no acceder al nirvana mientras quede un solo ser vivo que rescatar del océano del sufrimiento. Como el número de seres en el universo es infinito, la tarea liberadora del bodhisattva no tendrá fin.

El altruismo perfecto, así como el voto en su expresión ideal y ritual, sirven de modelo ético para el mahāyāna. El voto se define tanto por el principio ético central de la compasión como por toda una serie de preceptos éticos concretos (preceptos del bodhisattva). El ideal del bodhisattva es, pues, un ideal de conducta que se puede resumir mediante las dos fórmulas del voto general: la primera, «buscar el despertar por el bien de todos los seres vivos», subraya la virtud fundamental de la compasión. El despertar será imperfecto si no tiene como objetivo la salvación de todos los seres. La segunda fórmula, que dice: «El ámbito de los seres vivientes no tiene límites. Voto rescatarlos a todos sin excepción», implica que el ideal de perfección del bodhisattva nunca se alcanza. Es de notar, además, que aunque la compasión es el valor que rige la vida del bodhisattva, su ideal incluye el cultivo de sí mismo como meta o precepto.

El altruismo perfecto, la tarea interminable, la virtud infinita y la meta inalcanzable sugieren que el ideal del bodhisattva se juzga imposible y sobrehumano, destinado a los seres poderosos de la mitología. De hecho, el uso más común del vocablo es en forma de epíteto de unos seres míticos llamados bodhisattva(s) celestiales, en contraposición a los bodhisattva humanos, que se definen por la naturaleza biológica e histórico-cultural de la existencia humana y adquieren, mediante su conducta ejemplar, una sabiduría excepcional. Los bodhisattva míticos son seres perfectos que conforman los ideales budistas y, al mismo tiempo, agentes sobrehumanos de salvación, no sólo en los peligros, sino también después de la muerte, como apunta la creencia en el renacimiento en una *tierra pura*.

Los bodhisattva protagonizan toda una mitología de prodigios y leyendas similares a las que otras tradiciones asocian a dioses y santos. Así, Avalokiteśvara aparece en la tradición escrita, oral y plástica en toda una gama compleja de aspectos y formas. Se lo considera la personificación de la compasión. Tiene la capacidad de aparecerse dondequiera que se le necesite manifestándose como un ser maravilloso que acude a rescatar a los seres que reclaman su presencia y han caído en desgracia o están en peligro. Incluso desciende a los infiernos en sus tareas de rescate, donde apaga el fuego infernal con una lluvia de agua perfumada. Reside en parajes maravillosos y utópicos, ya sean lugares celestes y paradisíacos (sukhāvatī) o lugares terrenales míticos. Y es el agente de salvación que ayudará a conducir a los creyentes a uno de estos lugares.

La tradición señala al bodhisattva Maitreya como el próximo buda, el que ha de continuar la obra de Śākyamuni en este mundo. Se cree que en el presente mora en el cielo Tuṣita, donde espera su próxima encarnación, en la cual devendrá buda. Como próximo buda, a menudo se le asocia con una espera milenaria, visiones apocalípticas y cierto milenarismo revolucionario, o se cree que está presente en nuestro mundo, de forma secreta, durante épocas difíciles o corruptas, y hay una considerable fe en su poder como agente de salvación. La literatura relata asimismo visitas, ya sea en sueños o mediante el vuelo místico, a su paraíso.

Pensamiento del despertar

El compuesto sánscrito *bodhicitta* se puede traducir como "pensamiento dirigido hacia el despertar", "resolución de buscar el despertar" y "la mente que se encuentra (virtual o intrínsecamente) despierta". El concepto aparece en fuentes no mahāyāna como la *Antorcha de la doctrina* (Abhidharma-dīpa) y ha sido recogido también en textos de transición como *La gran gesta* (Mahāvastu), aunque es en la tradición mahāyāna y tántrica donde adquiere su verdadera relevancia doctrinal y ritual.

Se trata de un concepto capital en la especulación ética del mahāyāna, para la que de alguna manera bodhicitta representa el instinto de empatía y el cultivo de la compasión como fundamento del compromiso del bodhisattva con el saṃsāra, a la vez que sintetiza dimensiones clave de la intencionalidad, tanto hacia los demás como hacia el propio yo, así como la dirección en la cual se mueve su conducta transformadora.

En su acepción más común bodhicitta se refiere a la resolución de obtener el despertar para liberar a todos los seres, que es lo que define y motiva el voto del bodhisattva. Sin embargo, esta definición simple presenta varios niveles de significado y práctica. La resolución de lograr el despertar puede entenderse como un estado de la mente (un proceso mental) o como una promesa solemne (el voto como acto verbal) que se encarna y expresa en ciertas pronunciaciones, actos y gestos rituales (recitado de los votos, dedicación del mérito, etc.).

El pensamiento del despertar es también el pensamiento y el sentimiento que inspira la práctica espiritual o carrera (caryā) del bodhisattva, y como tal es tanto el momento decisivo como el impulso que mueve toda acción que sigue a esa resolución inicial (la primera aparición del pensamiento llamada bodhicittotpāda). Como fuerza motriz es también la representación mental del objetivo (despertar) y el espíritu esencial de la práctica (un uso que a veces se traduce como "actitud despierta"). Por último, es la culminación de la intención del voto (el despertar mismo) y la subsecuente perseverancia en el camino. El término puede aludir al mismo tiempo a la fuente original de la resolución, lo que se conoce como "iluminación innata".

Concebido como un deseo, como una intención surgida en la mente, bodhicitta es un tipo de decisión, si bien desde la perspectiva budista de la cultura mental esos sentimientos y deseos pueden cultivarse. Bodhicitta exige una cultura y un cultivo mental como parte integrante del propósito que encarna. Por tanto, cultivar continuamente dicha intención, practicar el pensamiento del despertar, ayudar a desarrollar toda una serie de estados mentales y cambios de conducta que acerquen gradualmente al objeto del deseo, conducen al despertar perfecto del bodhisattva compasivo.

Esta práctica del despertar se inicia con una representación ritual, normalmente como parte de la llamada "adoración suprema séptuple" (saptavidhā anuttarapūjā), que incluye, entre otras cosas, los rituales de toma del voto del bodhisattva y la dedicación del mérito. Algunos autores indios (Āryasūra y Candragomin) compusieron sus propios rituales para la producción y adopción de bodhicitta. En estas liturgias el bodhicitta es el centro del ritual del bodhisattva, que en muchas liturgias mahāyāna incorporó rituales anteriores de adopción de los preceptos (saṃvāra) y de preparación de las sesiones de meditación, que proliferaron en Asia oriental y el Tibet.

Aunque es muy posible que el modelo de muchas de las liturgias tibetanas fuera una reelaboración de elementos rituales del *Compendio de la enseñanza* (Śikṣā-samuccaya) y la *Iniciación en la práctica del despertar* (Bodhicaryāvatāra) de Śāntideva, la tradición combinó diferentes fuentes para desarrollar una teoría y una liturgia del pensamiento del despertar.

La mayoría de las tradiciones mahāyāna considera el pensamiento inicial en el despertar el momento más importante de la carrera del bodhisattva. La irrupción de esa idea, la aspiración al bien y el hecho raro y primoroso que ella encierra serán el impulso de dicha carrera. Se trata de un instante sagrado, un hecho interno (psicológico) que va acompañado de un ritual público que lo expresa, llamado "haciendo surgir el pensamiento del despertar" (bodhicittotpāda). En su sentido más literal, éste es el momento en el que el bodhisattva encuentra, o crea, las condiciones para la aparición del merecido deseo de obtener el despertar de todos los seres. Según Śāntideva, el voto como expresión de bodhicitta está estrechamente asociado a la adopción de los preceptos (saṃvāra) del bodhisattva, que son los medios para preservar y cultivar su resolución inicial.

La mayoría de los informes de la escolástica mahāyāna de la India da por sentado que el esfuerzo coordinado y consciente de cultivar el bodhicitta para entrar en el camino (llamado prasthānacitta) es imprescindible para el despertar. No obstante, la expresión ritual del voto (llamado "el pensamiento del voto", praṇidhicitta), y la adopción de los preceptos del bodhisattva en presencia del tutor espiritual (kalyāṇamitra), o ante los budas del universo, se considera a veces garantía de que antes o después sobrevendrá el despertar.

Algunos autores como Śāntideva (Bodhicaryāvatāra) conciben el bodhicitta como una fuerza de tal potencia que se diría externa a la voluntad, el esfuerzo o la atención de la persona. Según dicha concepción, una vez la persona ha hecho surgir la resolución, el bodhicitta es como el despertar mismo, presente de forma manifiesta o latente en todos los procesos mentales de esa persona.

Se podría hablar de un proceso histórico en el que la noción abstracta o la realidad psicológica de la resolución acaba por convertirse en una fuerza espiritual autónoma. Esto se insinua ya en los sūtra mahāyāna que glorifican el bodhicitta como el *sine qua non* de la práctica del mahāyāna y la esencia del despertar, como un tesoro escondido, una panacea o una hierba medicinal (por ejemplo, en el Maitreya-vimokṣa del Gaṇḍavyūha-sūtra). Sin embargo, lo que pudo ser una celebración hiperbólica del bodhicitta pronto tomó la forma de una reificación o deificación de dicho estado mental. El bodhicitta puede estar presente incluso si uno carece de toda virtud, como una joya escondida en un montón de excremento. Aquel que hace surgir el pensamiento del despertar será venerado por los dioses y los hombres (Bodhicaryāvatāra). Y, según la metáfora del Dalai Lama, el pensamiento del despertar es como el brillo del relámpago en la noche oscura de la ignorancia humana. Y aún más, los sūtra y los śāstra coinciden en que el pensamiento del despertar protege de todos los peligros a aquellos que lo hacen surgir.

Además de ser punto de partida de las prácticas del mahāyāna, el pensamiento del despertar es la precondición y fundamento de las virtudes de un Buda (los buddhadharma), y por ello alienta, por así decir, todas las facultades positivas y los estados generados en el camino, del mismo modo que se manifiesta en cada una de las fases de desarrollo del bodhisattva (Mahāyāna-sūtra-laṇkāra IV). El primer Bhāvanākrama de Kamalaśīla establece que la fundación (mūla) de estas virtudes y la omnisciencia de un buda es la compasión, pero, con referencia al Vairocanābhisa-bodhi, añade que el mismo bodhicitta es la causa (hetu) que genera y produce la budeidad.

Por otra parte, en tanto que bodhicitta es la mente del despertar, es un comienzo que en sí mismo es un fin. Parafraseando el segundo Bhāvanākrama de Kamalaśīla, hay dos tipos de bodhicitta, el convencional, que es rito y proceso, y el absoluto, que es la potencia innata de convertirse en despierto y la mente que ha obtenido el objetivo último, el despertar mismo. La distinción entre estos dos niveles trata quizá de dar cuenta de la diferencia entre el ritual y la representación convencional de la resolución, por un lado, y la fuerza magnética de la presencia sagrada (el mismo despertar), por el otro.

La distinción entre un pensamiento del despertar convencional o provisional (saṃvṛtibodhicitta) y el que encarna la meta última (paramārthabodhicitta) juega un papel central en las concepciones tántricas de "fisiología" y "psicología" del ritual y la meditación, tanto en la India como fuera de ella, pues dicha distinción sirve de vínculo entre el convencionalismo ritual y la verdad eterna. Gracias a ella se enlazan diferentes ramas de la tradición: los aspectos del camino relacionados con los sūtra o las pāramitā con los estadios en el camino tántrico, de modo que cada uno de estos estadios simboliza una de las cualidades del bodhicitta. Ésta es quizá la función más importante de bodhicitta como categoría explicatoria y apologética en la teoría del camino, y así se subraya en la literatura *lamrim* (Gyatso 1997).

El Guhyasamāja-tantra dedica su segundo capítulo a describir bodhicitta como la esencia (sāra, vajra) del cuerpo, el habla y la mente de todos los budas. Dado que la última realidad es la vacuidad de todas las cosas, el texto construye de manera explícita un puente entre la vida ética y ritual del cuerpo, la mente y el habla del practicante, y la realidad y su encarnación en todos los budas.

Bodhicitta es también una fuerza que da poder al practicante y por tanto juega un papel importante en los ritos tántricos de iniciación y consagración (abhiṣeka). Una analogía común imagina el bodhicitta como una potencia masculina –upāya y la semilla del despertar– y prajñā como un "recipiente-loto" femenino que recibe el bodhicitta. Así, bodhicitta se convierte en *bindu*, el semen que representa el poder generativo del despertar, la potencia masculina de los santos despiertos. No es raro entonces que la participación femenina en el ritual (ya sea simbólicamente o en persona) sea vista como vidyā o prajñā, mientras que bodhicitta representa a upāya. Según la fisiología clásica de la India, las mujeres también tenían semen, de ahí que el iniciado ingiriera, simbólica o literalmente, los fluidos sexuales de su gurú (masculino) y la yoginī (femenina) como una forma de hacer surgir el pensamiento del despertar, generado como si fuera el resultado de la unión de un padre y una madre.

Vemos, pues, cómo el "pensamiento del despertar" hilvana liturgia, teoría y ética. Es un concepto tan importante para el ritual mahāyāna como el del voto (praṇidhāna) y la dedicación del mérito (puṇyapraṇidhāna). El bodhicitta ha supuesto un elemento de cohesión de las distintas tendencias rituales y sociales de la tradición, como si fuera un fino hilo que enlazara la idiosincrasia del ritual y la teología con una realidad eterna, inefable y liberadora donde las diferencias se disuelven.

Teológicamente, bodhicitta es en parte un equivalente de

la familia de conceptos asociados con las nociones hindúes de prasāda y las concepciones occidentales sobre la gracia: bodhicitta simboliza el misterio de la presencia sagrada en el ser imperfecto que necesita tanto la liberación como imaginarla, representando la idea misma de perfección y su presencia sagrada en cada uno de los seres imperfectos.

Voto del bodhisattva

El término *praṇidhāna* significa "determinación, resolución, aspiración, promesa o propósito solemne". En su sentido técnico se refiere al "voto del bodhisattva" (bodhisattvapraṇidhana), mediante el cual una persona dedica su vida a la liberación del prójimo y de sí mismo.

El concepto muestra también un uso mítico y otro biográfico y antropológico. En este último sentido los votos son juramentos en los que el bodhisattva describe con detalle lo que se propone hacer por el prójimo una vez alcance el despertar o, como ocurre a menudo, lo que se propone hacer a partir del momento en que realiza el voto.

La tradición de comentarios distingue dos tipos de voto: uno general y otro particular o individual. El primero se reduce esencialmente a la fórmula «Me haré buda con el fin de rescatar a todos los seres vivos». Esta interpretación se puede considerar la definición estricta y teológica del voto y la encontramos en la literatura escolástica. Algunos de los textos que incorporan dicha fórmula son la *Guirnalda de joyas* (Ratnāvalī) de Nāgārjuna, el *Tratado del cultivo graduado* (Bhāvanākrama) de Kamalaśīla y la Pañjikā de Prajñākaramati. La definición sirve también de fundamento al uso ritual del voto, pues en ella se expresan dos elementos fundamentales del rito mahāyāna: la aspiración al despertar y el deseo de salvar al prójimo (ambos se funden en la "dedicación del mérito").

El segundo es un voto especial o individual que consiste en una descripción minuciosa de la manera en la que un bodhisattva en particular se propone actuar para liberar a los seres y ayudar a aquellos que invoquen su ayuda. Los votos de esta clase funcionan al mismo tiempo como modelos de santidad y objetos sagrados de veneración, y los encontramos principalmente en aquellos textos o ceremonias que describen las aspiraciones y los actos de los bodhisattva "celestes" (bodhisattvas particulares conocidos por su nombre propio y que se encuentran en un estadio muy elevado en la escala de la liberación). Entre ellos destacan los votos de Avalokiteśvara, recogidos en el *Sutra del Loto* y en el Gaṇḍa-vyūha-sūtra (una sección del Avataṃsaka) y los del buda Amitābha (cuando era el bodhisattva Dharmakāra) del sūtra de *La magnífica exhibición de la dicha* (Sukhāvatī-vyūha). Todos ellos han servido de fundamento mítico al culto y la devoción.

El voto ha sido por tanto fuente de inspiración del creyente y alimento de su esperanza, fomentando estados de ánimo en los que el devoto ve posible el objeto de su deseo: la liberación. En este sentido, a menudo olvidado, el voto ha jugado un papel importante como "tecnología del yo" (en el sentido de Foucault) y como material y fuente de inspiración para la devoción. Así, por ejemplo, los votos de Maitreya, Bhaiṣajyaguru, Akṣobhya y Amitābha sirvieron de fundamento a la teología, la liturgia y la mitología de diversos cultos dedicados a dichos budas.

Leemos en el *Diálogo del diamante*:

«El bodhisattva debería pensar de este modo: todos los seres del universo, ya nazcan de un huevo o de una matriz, de la humedad o milagrosamente, con forma o sin forma, con percepción o sin ella, a todos ellos conduciré al reino del nirvana. Y aunque incontables seres hayan sido llevados al nirvana, de hecho ningún ser ha sido conducido al nirvana. ¿Por qué? Porque si en el bodhisattva ocurriera la noción de un "ser", no podría ser llamado "ser del despertar" (bodhisattva). Y ¿por qué? Porque no debe llamarse "ser del despertar" a aquél en el que ocurre la noción de un "yo" o de un "ser" o de una "persona».

Cuando se habla del voto a menudo se pasan por alto sus aspectos mágicos o prodigiosos. El voto, como tantos otros gestos del compromiso religioso y tantos otros estados interiores de la voluntad del devoto, concede al que lo pronuncia poderes especiales. No sólo funciona como modelo ético e ideal abstracto de santidad, sino que también es una fuente de sucesos maravillosos, un manantial de prodigios. Un ejemplo del primer caso son los votos de la reina Śrīmālā narrados en el Śrīmālādevī-siṃhanāda-sūtra o los votos del Akṣayamati-nirdeśa-sūtra. Por su parte, el voto como fuente de prodigios lo hallamos en la formulación de los diez grandes votos del Daśabhūmika, donde cada uno de los ideales presenta aspectos cuasi mágicos, efectos maravillosos que repercuten en el bodhisattva que pronuncia los votos y en los seres vivos que serán objeto de su compasión a lo largo de su infinita tarea.

En un contexto mítico hay, además, un vínculo estrecho entre el ideal del voto y la leyenda de Śākyamuni. El Lalitavistara describe los cuatro votos realizados por Śākyamuni.

Esos ideales, confeccionados seguramente por la escolástica sarvāstivāda, se ajustan al ideal antiguo del Buda y tienen reminiscencias en el *Tesoro de la doctrina* (Abhidharma-kośa) de Vasubandhu (III. 96b, Pradhan 185): «Ay, ante este mundo ciego, sin ojos para ver, que aparezca yo [en el futuro] como un despierto, sí, como protector de los desvalidos».

La transición a una definición del voto caracterizada por la compasión, que se vislumbra ya en esta cita, se hace todavía más clara en *La gran gesta* (Mahāvastu), una obra de origen lokottaravādin (un subgrupo de los mahāsaṅghika), que cuenta la vida de Buda en verso y en prosa, compuesta entre el siglo II antes de nuestra era y el siglo IV en lo que Edgerton denominó sánscrito budista híbrido. En este texto, plagado de leyendas y acontecimientos prodigiosos, se presenta al Buda como una figura sobrenatural. En el volumen primero de esta obra Megha pronuncia el voto ante el buda del pasado Dīpaṃkara y resume los elementos fundamentales de la aspiración del bodhisattva:

«Que sea yo también en una vida futura un Tatāghata, arhant, un buda perfecto [...]. Que una vez haya cruzado a la otra orilla, ayude al prójimo en esa misma travesía. Que una vez liberado pueda liberar a los demás. Que una vez consolado pueda consolar a los demás, como hizo hoy Dīpaṃkara. Que logre todo esto para el bien y la dicha de la humanidad, por la compasión que siento hacia el mundo, para bien de las grandes multitudes, para el bien y la dicha de los seres celestiales y los humanos».

Como preparación para la consecución del despertar o como su intención motriz, el voto se asocia en este texto a la predicción (vyākaraṇa), pues esos votos se toman, según el mito, ante un buda pasado, es decir, en una vida anterior, en una época del pasado remoto, cuando vivía en el mundo un despierto, un buda perfecto y completo. Y es ese buda del pasado el que reconoce la validez del voto y garantiza sus efectos a la vez que predice que la persona que lo toma llegará a buda.

Los votos que pronunció Śākyamuni en un pasado lejano (pūrvapraṇidhāna), se mencionan también en un texto pāli post-canónico: la introducción a los Jātaka (Jātakanidāna), de nuevo en el contexto del encuentro con Dīpaṃkara. La importancia de éstos no puede subestimarse, dado que algunos investigadores han señalado que el voto primigenio del Buda y de los budas del pasado, como mito y como base del ritual del voto, contribuyó decisivamente al surgimiento del mahāyāna en la India, aunque el voto como parte integrante de la carrera del buda se encuentra en textos que contienen doctrinas anteriores al mahāyāna. Si bien es cierto que algunos de los ejemplos citados son contemporáneos al surgimiento del mahāyāna (por ejemplo el de Vasubandhu), también lo es que expresan doctrinas comunes a muchos de los nikāya que surgieron antes del mahāyāna y se desarrollaron en paralelo a esa tradición de pensamiento.

El Dharma-saṅgraha distingue tres tipos de voto: el que garantiza el éxito en la búsqueda del despertar (susthānaprābandhika; el bienestar del propio bodhisattva); el que asegura la consecución de las metas y deseos de todos los seres vivos (sattvārthaprābandhika); y el que hace posible la purificación del mundo que sirve de tierra del despertar para el bodhisattva (buddhakṣetrapariśodhaka). Este tercer tipo apunta a una concepción clave del mahāyāna: los budas manifiestan su poder salvador purificando mundos, pues todo bodhisattva desea crear su propio campo de acción, convirtiendo un mundo impuro y desagradable en un paraíso hermoso y purificado.

El modelo ideal recomienda que el creyente haga sus votos de bodhisattva ante los budas del universo, ante una imagen de uno o múltiples budas o ante un gurú que es amigo de la virtud. Algunos autores como Nāgārjuna, Śāntideva, Candragomin, Kamalaśīla o Āryasūra compusieron sus propias fórmulas para la recitación de los votos, tanto como expresión poética personal como para crear un nuevo modelo ritual. Así, Gampopa (uno de los padres del budismo tibetano, discípulo de Milarepa) nos informa de que en la India existían dos paradigmas para la toma del voto del bodhisattva: un modelo de Asaṅga (Bodhisattvabhūmi) y otro de Dharmakīrti (que corresponde al rito de Śāntideva).

Ritos muy parecidos a éstos subsisten hoy en los países de filiación mahāyāna. Adquieren formas más complejas cuando se integran en ceremonias religiosas o liturgias monásticas, pero se simplifican cuando acompañan actos como la "toma de refugio" o el "voto del bodhisattva". Esto sucede, por ejemplo, en los ritos comunes para laicos que se celebran en la tradición tibetana. En China se acostumbraba celebrar los votos del bodhisattva en masa: un gran número de fieles hacía su voto y adoptaba una versión breve de los preceptos del bodhisattva basada en *La red del brahman* (Braḥma-jāla-sūtra). En la tradición japonesa lo habitual es recitar los votos de Dōgen, que combinan varios aspectos de la liturgia básica del mahāyāna con los del sūtra mencionado. En la mayor parte de estas liturgias la toma del voto y la adopción de los preceptos concluye con una dedicación de mérito que expresa el espíritu del voto.

Asimismo, el voto está estrechamente vinculado a la compasión (karuṇā) y a los medios de liberación (upāya). La compasión es el motivo o la intención que define el sendero del bodhisattva, sin el cual el voto mahayánico no sería muy distinto del voto del śrāvaka. El concepto de upāya añade además la idea de un voto cuyo efecto puede continuar más allá de la liberación individual del bodhisattva, pues el fin de la liberación no es ya la liberación misma, sino el servicio a todos los budas y a todos los seres conscientes del universo.

BIBLIOGRAFÍA

Abe, Masao.
—. 1992. *A study of Dōgen: His philosophy and religion*, Steven Heine (ed.), Albany (NY), State University of New York Press.

Arnau, Juan.
—. 2004. (ed/trad.) *Fundamentos de la vía media* de Nāgārjuna, Madrid, Ediciones Siruela.
—. 2005. *La palabra frente al vacío. Filosofía de Nāgārjuna*, México D.F. Fondo de Cultura Económica.
—. 2006. (ed/trad.) *Abandono de la discusión* de Nāgārjuna, Madrid, Ediciones Siruela.

Bagchi, S.
—. 1965. (ed.). *Guhyasamāja Tantra or Tathāgataguhyaka* (Buddhist Sanskrit Texts, 9), Darbhanga, Mithila Institute.

Basham, Arthur.
—. 1951. *History and doctrines of the Ājīvikas. A vanished Indian religion*, London, Luzac and Company.

Bharati, Agehananda.
—. 1965. *The Tantric Tradition*, London, Rider & Co.

Bochenski, Joseph M.
—. 1961. *A History of Formal Logic*, Notre Dame (IN), University Notre Dame Press.

Bhattacharya, Benoytosh.
—. 1931. (ed.). *Guhyasamāja Tantra* (Gaekwad Oriental Series 53), Baroda, Oriental Institute.

Blacker, Carmen.
—. 1972. "Methods of Yoga in Japanese Buddhism", [en John Bowan (ed.*), Comparative Religion: The Charles Strong Trust Lectures*, Leiden, E. J. Bill, 1972].

Borges, Jorge Luis.
—. 1985. *Otras inquisiciones*, Madrid, Alianza.

Bronkhorst, Johannes.
—. (1986/1993). *The Two Traditions of Meditation in Ancient India*, [Seminar für Kultur und Geschichte Indiens an der Universitat Hamburg, 28], Delhi, Motilal Banarsidass.

Burke, Kenneth.
—. 1961. *The rhetoric of religion: Studies in logology*. Boston (MA), Beacon Press.

Buswell Robert E,
—. 2004. (ed.). *Encyclopedia of Buddhism*, New York, McMillan.

Cabezón, Jose Ignacio.
—. 1994. *Buddhism and Language. A study of indo-tibetan scholasticism*, Albany (NY), State University of New York Press.

Cleary, Thomas y Cleary, J. C.
—. 1977. (trad.). *The Blue Cliff Records* (3 vols.), London, Shambhala.

Collins, Steven.
—. 1998. *Nirvana and Other Buddhist Felicities: Utopias of the Pali Imaginaire*, Cambridge, Cambridge University Press.

Conze, Edward.
—. 1957. (ed./trad.) *Vajracchedikā Prajñāpāramitā*, Roma, Istituto Italiano per il Medio ed Estremo Oriente.
—. 1960. *The Prajñāpāramitā literature*, 'S-Gravenhage, Mouton.
—. 1964. (ed.) *Buddhist Text Through the Ages*, New York, Harper & Row.
—. 1968. *Thirty years of Buddhist studies (Selected Essays)*, Columbia (SC), The University of South Carolina Press.
—. 1969. *Buddhist Meditation*, New York, Harper & Row.

—. 1984. (ed/trad.) *The large sutra of perfect wisdom*, Berkeley (CA), University of California Press.
—. 1996. *Buddhist thought in India*, Ann Arbor (MI), The University of Michigan Press.

Chattopadhyaya, Debiprasad.
—. 1970. (ed.) *Tāranātha's History of Buddhism in India*, Simla, Indian Institute of Advanced Study.

Csikzentmihalyi, M.
—. 1990. *Flow: The Psicology of Optimal Experience*, New York, Harper & Row.

Cua, Anthony.
—. 1981. "Opposites as Complements: Reflection on the Significance of *Tao*", *Philosophy East and West, 31*.

Dasgupta, Shashi Bhushan.
—. 1958. *An Introduction to Tantric Buddhism*, Calcutta, University of Calcutta.

Dragonetti, Carmen.
—. 1967. *Dhammapada*. La esencia de la sabiduría budista. Buenos Aires, Sudamericana.
—. 1977. *Dīgha Nikāya, diálogos mayores de Buda*, Caracas, Monte Ávila.
—. 1984. *Siete sūtras del Dīgha Nikāya, diálogos mayores del Buddha*, México D. F., El Colegio de México.

Edgerton, Franklin.
—. 1953. *Buddhist Hybrid Sanskrit Dictionary*, New Haven, Yale University Press.

Eliade, Mircea.
—. 1998. *El yoga. Inmortalidad y libertad*, trad. Diana Luz Sánchez, México D. F., Fondo de Cultura Económica.

Ellwood, Robert. 1980. *Mysticism and Religion*, Englewood Cliffs, NJ, Prentice-Hall Inc.

Fatone, Vicente.
—. 1971. *El budismo "nihilista"*, Buenos Aires, Eudeba.
—. 1972. *Obras completas I. Ensayos sobre hinduismo y budismo*. Buenos aires, Sudamericana.

Faure, Bernard.
—. 1991. *The Rhetoric of Immediacy: A critique of Chan/Zen Buddhism*, Princeton, Princeton University Press.
—. 1992. "Fair and Unfair Language Games in Chan/Zen", en Katz (ed.) 1992.
—. 1995. *Chan Insights and Oversights: An Epistemological Critique of the Chan Tradition*, Princeton, Princeton University Press.

Forman, Robert.
—. 1990. (ed.) *The Problem of Pure Consciousness: Mysticism and Philosophy*, New York, Oxford University Press.

Foucault, Michel.
—. 1990. *Tecnologías del yo*, trad. Mercedes Allende, Barcelona, Paidós.
—. 1996. *Hermenéutica del sujeto*, trad. Fernando Álvarez-Uría, La Plata (Argentina), Altamira.

Frauwallner, Erich.
—. 1995. *Studies in Abhidharma literature and the origins of Buddhist philosophical systems*, trad. Sophie Francis Kidd, New York, State University of New York Press.

Ganeri, Jonardon
—. 2001. (ed.). *Indian Logic: a Reader*, Richmond, Surrey, Curzon.

Gardet, Louis.
—. 1958. *Thèmes et Textes: Recherche de Critères en Mystique Comparée. Sagesse et Culture*, París, Éditions Alsatia.

Gimello, Robert.
—. 1978. "Mysticism and Meditation", en Katz (ed.) 1978.
—. 1983. "Mysticism and Its Contexts", en Katz (ed.) 1983.

Gombrich, Richard.
—. 1995a. *Theravāda Buddhism. A social history from ancient Benares to modern Colombo*, New York, Routledge.

—. 1995b. "Cómo comenzó el Mahāyāna", trad. Silvia De Alejandro, *Revista de Estudios Budistas*, México D.F., Eón.

Gómez, Luis O.
—. 1972. "La *meditación* budista. ¿Mística o metafísica?, *Diálogos* 8 (22).
—. 1973. "Emptiness and moral perfection", *Philosophy East and West*, vol. 23.
—. 1975a. "Some aspects of the free-will question in the Nikāyas", *Philosophy East and West*, vol. 25.
—. 1975b. "Consideraciones en torno al absoluto de los budistas", *Estudios de Asia y África X*, El Colegio de México.
—. 1976. "Proto-Mādhyamika in the Pāli Canon", *Philosophy East and West*, vol. 26.
—. 1977. "The Bodhisattva as a wonder-worker", *Prajñāpāramitā and Related Systems: Studies in honor of Edward Conze*, Berkeley (CA), University of California.
—. 1987a. "Buddhist Literature: Exegesis and Hermeneutics", en Mircea Eliade (ed.), *Encyclopedia of Religion*, vol. 2, New York, Macmillan.
—. 1987b. "Buddhist views on language", bajo la entrada "Language" en Mircea Eliade (ed.), *Encyclopedia of Religion*, vol. 8, New York, Macmillan.
—. 1996. *The Land of Bliss. Sanskrit and Chinese versions of the Sukhāvatīvyūha sutras*, Honolulu, University of Hawaii Press.
—. 2000a. "Two jars on two tables. Reflections on the 'Two Truths'," en Jonathas A. Silk, ed., *Wisdom, Compassion, and the Search for Understanding. The Buddhist Studies Legacy of Gadjin M. Nagao*, Honolulu, University of Hawaii Press.
—. 2000b. "Buddhism as a religion of hope: Observations on the 'logic' of a doctrine and its foundational myth", *The Eastern Buddhist*, vol. XX-XII No 1.
—. 2002a. *Iniciación en la práctica del despertar (Bodhicaryāvatāra)* de Śāntideva, próxima aparición, Ediciones Siruela.

Gonda, Jan.
—. 1975. *Vedic Literature (Saṃhitās and Brāḥmaṇas)*, Wiesbaden, Otto Harrassowitz.

Gombrich, Richard.
—. 1995a. *Theravāda Buddhism. A social history from ancient Benares to modern Colombo*, New York, Routledge.

—. 1995b. "Cómo comenzó el Mahāyāna", trad. Silvia De Alejandro, *Revista de Estudios Budistas*, México D.F., Eón.

Gregory, Peter.
—. 1987. (ed.) *Sudden and Gradual: Approaches to Enlightment in Chinese Thought* (Studies in East Asian Buddhism, 5) Honolulu, University of Hawaii Press.

Griffiths, Paul.
—. 1994. *On Being Buddha: The Classical Doctrine of Buddhahood*, Albany, SUNY Press.
—. 1989 (ed./trad.) *The Realm of Awakening: A Translation and Study of the Tenth Chapter of Asanga's Mahāyānasamgraha*, New York, Oxford University Press.

Hahn, Michael.
—. 1982. (ed.) *Nāgārjuna's Ratnāvalī*, Bonn, Indica et Tibetica Verlag.

Hakeda, Yoshitaka.
—. 1972. (trad.) *Kūkai: Major Works*, New York, Columbia University Press.

Harvey, Peter.
—. 2000. *An Introduction to Buddhist Ethics*, New York, Cambridge University Press.

Huntington, Clair. W. Jr.
—. 1986. *The Akutobhayā and Early Indian Madhyamaka*, Ph.D. Dissertation, Ann Arbor, The University of Michigan.
—. 1989. *The Emptiness of Emptiness: An introduction to the early indian Mādhyamika*, con Geshe Namgyal, Honolulu, University of Hawaii Press.

James, William.
—. 1902. *The Varieties of Religious Experience: A Study of Human Nature*, New York, Logman.

Jayatilleke, Kulatissa Nanda.
—. 1963. *Early Buddhist Theory of Knowledge*, London, George Allen & Unwin Ltd.

Jhā, Gaṅgānāṭha.
—. 1984. *The Nyāya-Sūtras of Gauṭama* (With the Bhāṣya of Vāṭsyāyana and the Vārṭika of Uḍḍyoṭakara, 4 vols.), Delhi, Motilal Banarsidass.

Jaini, Padmanabh S.
—. 1959 (ed./trad.). *Abhidharmadipa with Vibhashaprabhavritti*, Patna, Kashi Prasad Jayaswal Research Institute.

Johnston, E. H.
—. 1984. (ed./trad.) *Aśvaghoṣa's Buddhacarita or Acts of the Buddha*, Delhi, Motilal Banarsidass.
—. 1990. *The Dialectical Method of Nāgārjuna, Vigrahavyāvartanī*, coautor Arnold Kunst, Delhi, Motilal Banarsidass.

Jong, J. W. de.
—. 1949. (ed./trad.) *Cinq chapitres de la Prasannapadā*, París, Librairie Orientaliste Paul Geuther.
—.1977. (ed.) *Mūlamadhyamakakārikāḥ. Nāgārjuna*, Madrás, The Adyar Library and Research Centre.
—. 1994. "Lo absoluto en el pensamiento budista", trad. Vera Waksman, *Revista de Estudios Budistas*, México D. F. Eón.

Kalupahana, David J.
—. 1976. *Buddhist Philosophy. A Historical Analysis*. Honolulu, University of Hawaii Press.
—.1996. (ed./trad.) *Mūlamadhyamakakārikāḥ of Nāgārjuna*, Delhi, Motilal Banarsidass.

Kapleau, Phillip.
—. 1965. *The Three Pillars of Zen*, Tokio, Weatherhill.

Kasawara, Kenjiu.
—. 1885. *The Dharma Samgraha. An ancient collection of Buddhist technical terms*, Max Muller y H. Wenzel, eds., Oxford, Clarendon Press.

Katz, Steven T.
—. 1978. (ed.). *Mysticism and Philosophical Analysis*, New York, Oxford University Press. ("Language, Epistemology and Mysticism")
—. 1983. *Mysticism and Religious Traditions*, New York, Oxford University Press. ("The 'Conservative' Character of Mystical experience")

—. 1992. *Mysticism and Language*, New York, Oxford University Press.

Kawamura, Leslie.
—. 1975. (ed./trad.) *Golden Zephyr. Nāgārjuna's Suhṛllekha. Mi-pham's commentary*, Emeryville (CA), Dharma Press.

Lamotte, Etienne.
—. 1944-1980. *Le traité de la grande vertu de sagesse de Nāgārjuna (Mahāprajñāpāramitāśāstra)* (5 vols.), Louvain, Bureaux du Muséon.
—. 1954. "Sur la formation du Mahāyāna" en *Asiatica* (No. 49).
—. 1962 (ed./trad.) *L'enseignement de Vimalakīrti*, Louvain, Institut Orientaliste.
—. 1988a. *History of Indian Buddhism, from the origins to the Śaka era*, trad. Sara Boin-Webb, Louvain, Université du Louvain.
—. 1988b. "The assessment of textual interpretation in Buddhism", trad. Sara Boin-Webb, en *Buddhist Hermeneutics*, (Donald S. López, ed.), Honolulu, University of Hawaii Press.

Lindtner, Christian.
—. 1982. *Nagarjuniana. Studies in the writings and philosophy of Nāgārjuna*, Copenhaguen, Narayana Press.

Ling, Trevor.
—. 1966. "Buddhist Mysticism", *Religious Studies*, 1: 163-176.

Loy, David R.
—. 1999. "Language against its own mystifications: Deconstruction in Nāgārjuna and Dōgen", *Philosophy East and West 3*, Honolulu, University of Hawaii Press.

Matilal, Bimal Krishna.
—. 1971a. *Epistemology, Logic and Grammar in Indian Philosophical Analysis*, The Hague, Mouton.
—. 1971b. "Negation and the Mādhyamika dialectic", cap. 5 en Matilal 1971a.
—. 1973. "A critique of the Mādhyamika position", en Sprung, ed., 1975.
—. 1975. "Mysticism and reality: Inneffability", *Journal of Indian Philosophy* 3.
—. 1986a. *Perception. An essay on classical indian theories of knowledge*, Oxford, Clarendon Press.

—. 1986b. (ed.) "Buddhist logic and epistemology", en *Buddhist Logic and Epistemology: Studies in the Buddhist Analysis of Inference and Language*, Boston (MA), Reidel.
—. 1993. "Vaciedad y multilateralidad", trad. Mariela Álvarez, *Revista de Estudios Budistas*, México D. F., Eón.

May, Jacques.
—. 1958. "La philosophie bouddhique de la vacuité", *Studia Philosophica* 18.
—. 1959. *Candrakīrti Prasannapadāmadhyamakavṛtti*, Paris, Adrien Maisonneuve.

Miura, Isshū y Fuller Sasaki, Ruth.
—. 1965. *The Zen Koan*, San Diego (CA) Harcourt Brace and Company.

Mookerjee, Satkari.
—. 1935. *Buddhist Philosophy of Universal Flux*, Calcutta, Calcutta University Press.

Nagao, Gadjin M.
—. 1955. "The silence of the Buddha and its Madhyamic interpretation" en *Studies in Indology, Presented in Honour of Professor Susumu Yamaguchi*, Kyoto, Hozokan.
—. 1990. *The Foundational Standpoint of Mādhyamika Philosophy*, trad. John Keenan, Delhi, Sri Satguru.
—. 1992. *Mādhyamika and Yogācāra: A Study of Mahāyāna Philosophies*, trad. Leslie S. Kawamura, Delhi, Motilal Banarsidass.

Nakamura, Hajime.
—. 1980. *Indian Buddhism: a survey with bibliographical notes*, Hirakata (Japón), Kufs Publication.

Ñānamoli, Bhikkhu.
—. 1999. (trad.) *The Path of Purification (Visuddhimagga) by Buddhaghosa*, Seattle (WA), BPS Pariyatti Editions.

Obermiller, E.
—. 1986. (trad.) *The History of Buddhism in India and Tibet by Bu-ston*, Delhi, Sri Satguru Publications.

Panikkar, Raimon.
—. 1996. *El silencio del Buddha. Una introducción al ateísmo religioso*, Madrid, Siruela.

Pániker, Agustín.
—. 2001. *El jainismo. Historia, sociedad, filosofía y práctica*, Barcelona, Kairós.

Potter, Kart H.
—. 1991. (ed.). *Presuppositions on India's philosophies*, Delhi, Motilal Banarsidass.
—. 1995a. (ed.). *Encyclopedia of Indian philosophies* (v.8), *Buddhist Philosophies from 100 to 350 A. D.*, Delhi, Motilal Banarsidass.
—. 2003. (ed.). *Encyclopedia of Indian philosophies* (v.9), *Buddhist Philosophies from 350 to 600 A. D.*, Delhi, Motilal Banarsidass.

Prats, Ramón.
—. 1998. (trad./ed.) *Libro de los muertos tibetano*, Madrid, Siruela.

Pye, Michael.
—. 1978. *Skilful Means. A Concept in Mahayana Buddhism*, London, Duckworth.

Pyysiäinen, Ilkka.
—. 1993. *Beyond Language and Reason: Mysticism in Indian Buddhism*, Helsinki, Suomalainen Tiedeakatemia.

Ramírez, Laureano
—. 2004. (ed/trad). *Sūtra de Vimalakīrti*, Barcelona, Kairós.

Rappaport, Roy A.
—. 2001. *Ritual y religión en la formación de la humanidad*, trad. Sabino Perea, Madrid, Cambridge University Press.

Regamey, Konstanty.
—. 1990. (trad./ed.) *The Bhadramāyākāravyākaraṇa. Introduction, tibetan text, translation and notes*, Delhi, Motilal Banarsidass.

Robinson, Richard H.
—. 1957. "Some logical aspects of Nāgārjuna's system", *Philosophy East and West*, 6.

—. 1959. “Mysticism and Logic in Seng-chao’s Thought”, *Philosophy East and West,* 8.
—. 1972. “Did Nāgārjuna really refute all philosophical views?”, *Philosophy East and West*, 22.
—. 1978. *Early Mādhyamika in India and China*, Delhi, Motilal Banarsidass.

Ruegg, David Seyfort.
—. 1977. “The Uses of the Four Positions of the Catuṣkoṭi and the Problem of Description of Reality in Mahāyāna Buddhism”, *Journal of Indian Philosophy*, 5.
—. 1981. *The Literature of the Madhyamaka School of Philosophy in India*, Wiesbaden, Harrassowitz.

Shastri, H.
—. 1927. (ed.). *Advayavajrasaṃgraha* (Gaekwad Oriental Series), Baroda, Oriental Institute.

Shaw, J.
—. 1978. “Negation and the Buddhist Theory of Meaning” *Journal of Indian Philosophy, 6*.

Singh, Jaideva.
—. 1996. *The conception of Buddhist Nirvāṇa of Stcherbatsky*, Delhi, Motilal Banarsidass.

Snellgrove, David.
—. 1959. (ed/trad.) *The Hevajra Tantra*, London Oriental Series (2 vols.), London, Oxford University Press.

Solé-Leris, Amadeo y Vélez de Cea, Abraham.
—. 1999. (trads.) *Majjhima Nikāya. Los sermones medios del Buddha*, Barcelona, Kairós.

Sprung, Mervyn.
—. 1975. (ed.) *The problem of Two Truths in Buddhism and Vedānta*, Dordrecht, Reidel.
—. 1979. *Lucid exposition of the Middle Way. The essential chapters from the Prasannapadā of Candrakīrti*, Boulder (CO), Prajñā Press.

Staal, Frits.
—. 1975a. *Exploring Mysticism: A Methodological Essay*, Berkeley, University of California Press.
—. 1975b. "The Concept of Metalanguage and its Indian Background", *Journal of Indian Philosophy*, 3.

Stace, Walter.
—. 1960a. (ed.) *The Teachings of the Mystics, Being Selections from the Great Mystics*, New York, New York American Library.
—. 1960b. *Mysticism and Philosophy*, Philadelphia, Macmillan.

Staël-Holstein, A.
—. 1926 (ed.). *The Kaśyapaparivarta, a Mahāyānasūtra of the ṛatnakūṭa Class*. Shanghai, Comercial Press.

Steinkellner, Ernst.
—. 1978. "Remarks on Tantristic Hermeneutics", *Proceedings of the Csoma de Körös Memorial Symposium*, Budapest, Bibliotheca Orientalis Hungarica.

Sternberg, R. J.
—. 1990. *Wisdom: Its Nature, Origins and Development*, Cambridge, Cambridge University Press.

Suzuki, Daisetz Teitaro.
—. 1933. *Essays in Zen Buddhism*, London, Rider & co.
—. 1957a. *Studies in the Laṅkāvatāra Sutra*, London, Routledge and Kegan Paul.
—. 1957b. *Mysticism Christian and Buddhist: The Eastern and Western Way*, London, Allen & Unwin.

Tambiah, Stanley.
—. 1968. "The Magical Power of Words". *Man: The Journal of the Royal Anthropological Institute, New series, III*.
—. 1981. *A performative Approach to Ritual. The Radcliffe-Brown Lecture (1979)*, London, Oxford University Press.
—. 1984. *The Buddhist Saints of the Forest and the Cult of Amulets*, Cambridge, Cambridge University Press.

Terada, Tiry y Mizuno, Yaoko.
—. 1970-72. *Dōgen* (Shōbōgenzō of Dōgen Kigen, 2 vols.), Nippon Shisō Taikei, 12-13.

Thurman, Robert.
—. 1976. *The Holy Teaching of Vimalakīrti*, London, The Pennsylvania State University Press.

Tola, Fernando y Dragonetti, Carmen.
—. 1978. *Yoga y mística de la India*, Buenos Aires, Editorial Kier.
—. 1989. *El idealismo budista. La doctrina de "sólo la mente"*, Puebla (México), Premiá.
—. 1990. *Nihilismo Budista*, Puebla (México), Premiá.
—. 1999. *El Sūtra del Loto de la verdadera doctrina, Saddharmapuṇḍarīkasūtra*, México D.F. El Colegio de México.

Tucci, Giuseppe.
—. 1934. (ed./trad.) *Ratnāvalī of Nāgārjuna*, *Journal of the Royal Asiatic Society* 1934, 1936.
—. 1981. *Pre-Dinnaga Buddhist texts on logic from Chinese sources*, Vesta Publications. Madrás.
—. 1988. *The Religions of Tibet*, trad. Geoffrey Samuel, Berkeley (CA), University of California Press.

Tuck, Andrew.
—. 1990. *Comparative Philosophy and the Philosophy of Scholarship. On the Western interpretation of Nāgārjuna*, New York, Oxford University Press.

Vallée Poussin, Louis de la.
—. 1917. *The Way to Nirvana,* Cambridge, Cambridge University Press.
—. 1925 "Mysticism (Buddhist)", *Enciclopedia of Religion and Ethics*, vol. 9, New York, Charles Scribner's Sons.
—. 1928. 1929. *Vijñaptimātratāsiddhi- La Siddhi de Hiuan-tsang*, Paris, Librairie Orientaliste Paul Geuthner.
—. 1970. (ed.) *Mūlamadhyamakakārikās de Nagārjuna, avec la Prasannapadā commentaire de Candrakīrti*, Osnabruck, Biblio Verlag.
—. 1988. (ed/trad.) *Abhidharmakośabhāṣyam* de Vasubandhu, trad. Leo M. Pruden, versión inglesa de la traducción de La Vallée Poussin al francés a partir de la versión china y tibetana de esta obra sánscrita, Berkeley (CA), Asian Humanities Press, 1988. 4 vols.

Vetter, Tilmann E.
—. 1988. *The Ideas and Meditative Practices of Early Buddhism*, Leiden & New Cork, E. J. Brill.

Walker, Susan.
—. 1987. (ed.) *Speaking of Silence: Christians and Buddhists on the Comtemplative Way*, New York, Paulist Press.

Watson, Burton.
—. 1968. (trad.). *The Complete Works of Chuang Tzu*, New York, Columbia University Press.

Wayman, Alex.
—. 1973. *The Buddhist Tantras: Light on Indo-Tibetan Esoterism*, New York, S. Weiser.
—. 1974. "Two Traditions of India–Truth and Silence", *Philosophy East and West, 24*.
—. 1977. *Yoga of the Guhyasamāja Tantra*. Delhi, Motilal Banarsidass.
—. 1990. *Buddhist Insight. Essays by Alex Wayman*, George Elder (ed.), Delhi, Motilal Banarsidass.
Wayman, Alex y Lessing, Ferdinand.
—. 1968. *Mkhas Drub Rje's Fundamentals of the Buddhist Tantra*. Paris, Mouton.
Wijayaratna, Mohan.
—. 1996. *Buddhist Monastic Life, According to the Texts of the Theravāda Tradition*, trad. Claude Grangier y Steven Collins, New York, Cambridge University Press.

Williams, Paul.
—. 1980. "Some Aspects of Language and Construction in the Madhyamaka", *Journal of Indian Philosophy 8*, Boston (MA), Reidel Publishing.
—. 1989. *Mahāyāna Buddhism. The doctrinal foundations*. London, Routledge.
—. 1991. "On the Interpretation of the Madhyamaka Thought", *Journal of Indian Philosophy, 19*.
—. 1998. *The reflexive nature of awareness. A tibetan Madhyamaka defence*, Richmond, Curzon Press.

Wogihara, Unrai.
—. 1971. (ed) *Bodhisattvabhumi: a statement of whole course of the Bodhisattva (being fifteenth section of Yogacarabhumi)*, Tokyo, Sankibo.

Xirau, Ramón.
—. 1968. *Palabra y silencio*, México D.F. Siglo XXI Editores.

Yampolsky, Philip.
—. 1971. *The Zen Master Hakuin: Selected Writings*. New York, Columbia University Press.

Yadell, Keith.
—. 1993. *The Epistemology of Religious Experience*, Cambridge, Cambridge University Press.

Yu, Chun-Fang.
—. 1979. "Ta-hui Tsung-kao and Kung-an Ch'an", *Journal of Chinese Philosophy, 6*.

Zhang, Longxi.
—. 1992. *The Tao and the Logos: Literary hermeneutics, East and West*, Durham, Duke University Press.

RESPUESTA COMERCIAL
Autorización nº 13.593
B.O.C. nº 90
del 21 de Octubre de 1994

TARJETA POSTAL

NO
NECESITA
SELLO

A FRANQUEAR
EN DESTINO

EDITORIAL KAIRÓS, S.A.
APARTADO 197 F.D.
08080 BARCELONA

ÍNDICE ANALÍTICO

ÍNDICE DE OBRAS CITADAS